Nærende Buddha-skåler

Utforsk kunsten å lage deilige og næringsrike Buddha-boller, perfekt for alle dagens måltid. 100 FARGERIKE. SUNN OG METTENDE OPPSKRIFTER

Mathilde Lien

Copyright materiale ©2023

Alle rettigheter forbeholdt

Uten korrekt skriftlig samtykke fra utgiveren og opphavsrettseieren, kan ikke denne boken brukes eller distribueres på noen måte, form eller form, bortsett fra korte sitater brukt i en anmeldelse. Denne boken bør ikke betraktes som en erstatning for medisinsk, juridisk eller annen profesjonell rådgivning.

INNHOLDSFORTEGNELSE

INNHOLDSFORTEGNELSE 3
INTRODUKSJON 7
FROKOSTSKÅLER 9

1. Kokosquinoa frokostboller 10
2. Eplepai Farro frokostboller 13
3. Blackberry Hirse frokostboller 15
4. Lønn-Vanilje Overnight Oat Bowls 17
5. Granateple og Freekeh frokost Tabbouleh boller 19
6. Maple-Masala Vinter Squash frokostboller 21
7. Chai-krydret flerkornsgrøtboller 23
8. Søtpotet frokostboller 25
9. Slow Cooker Miso havre- og eggeskåler 27
10. Golden Milk Chia Frø frokostboller 29
11. Vitamin C Papaya boller 31
12. Spinat og sopppesto frokostboller 33
13. Black Bean og Chorizo boller 35
14. Slow Cooker Congee frokostboller 37
15. Bokhvete og svarte bønner frokostboller 39
16. Krypterte kikertfrokostboller 41

HOVEDRETT 43

17. Kraftboller med sprø potet og røkt laks 44
18. Tofu Scramble Bowls med Grønnkål og rosenkål 46
19. Niçoise-boller med linser og røkt laks 49
20. Mandel-Quinoa og lakseboller 51
21. Skåler med røkt laks og soba nudler 53
22. Marokkanske laks- og hirseboller 55
23. Bittersøte sitrus- og laksekraftboller 58

24. Teriyaki-skåler med laks med misobraisert grønnkål 60
25. Tomatstekt torsk og byggboller 63
26. Sesam-tunfiskboller 65
27. Reker Sommerrullboller 68
28. Vietnamesiske Zucchini Nudler og Rekeskåler 71
29. Balsamico reker og Farro boller 73
30. Freekeh-boller med karamellisert løk, varme tomater og stekt fisk 75
31. Supermat lakseboller 77
32. Brune risboller med stekt fisk og chimichurri 79
33. Ginger Peanut Soba Nuddelskåler 81
34. Grønn karri kylling og quinoa boller 84
35. Quinoa- og kyllingtacoboller med koriander-limedressing 85
36. Dukkah-Crusted kylling og bygg boller 88
37. Harissa kyllingboller 91
38. Varme høstkylling- og villrisboller 94
39. BBQ Chicken Quinoa boller 97
40. Chimichurri kyllingboller 99
41. Peachy Basilikum Kylling og Risboller 101
42. Krydret thailandsk kylling og brunrisboller 103
43. Rask kylling og søtpotet Pho boller 105
44. Kylling Kofta Boller 108
45. Urtekylling- og rotgrønnsaksboller 111
46. Røykfylt sitron rosenkålboller med kalkunkjøttboller 114
47. Stekeboller med kalkun og kål med mandelsaus 117
48. Biff Fajita Spaghetti Squash boller 120
49. Avokado grønn gudinnedressing 123
50. Biff- og brokkoliboller 125
51. Biffboller i koreansk stil med zucchini-nudler 128
52. Miso nudelskåler med rørt biff 131

53. Ingefærbiffboller 134

54. Vinter chili boller med biff, bønner og grønt 136

55. Greske Power Bowls 138

56. Fylte aubergineboller med krydret lam 140

57. Lammekebabboller 143

58. Lammekjøttboller med søtpotetnudler 146

59. Linsequinoaskåler med Harissa lammekjøttboller 149

60. Blomkål Tabbouleh boller med lammekjøttboller 152

61. Lam og stekt blomkål Tacoboller med Chimichurri 154

62. Supergrønne Quinoaskåler 157

63. Sprø hvite bønne- og pestoboller 159

64. Grønn gudinne Quinoaskåler med sprø tofu 162

65. Za'atar kikertboller 164

66. Blomkål Falafel Power Bowls 170

67. Urtet kikert- og bulgurboller 173

68. Butternut Squash og Grønnkål boller 175

69. Linser og stekte tomatilloboller 177

70. Banh Mi-boller 180

71. Thai kokos karriboller 183

72. Vegetarisk sushiboller 185

73. Vårens Soba-boller 187

74. Brokkoli ris og egg boller 189

75. Blomkål Pad Thai boller 191

76. Krydret sesamtofu og risboller 193

77. Chili-lønn Tofu-boller 196

78. Masala kikertboller 199

79. Harvest Macro Bowl 202

80. Gurkemeie-ingefær Blomkål og linseboller 204

81. Tacoboller med søtpotet og linser 207

82. Chipotle søtpotetskåler 209

83. Marokkansk-krydrede kikertboller 212

84. Winter Squash og Farro Macro Bowls 215

85. Bete Falafel Boller 218

86. Etiopisk-krydret røde linseboller med grønt 221

87. Gurkemeie-stekte grønnsaksboller 224

88. Gurkemeie-stekte grønnsaksboller 227

BUDDHA BOWLS DRESSINGS 230

89. Avokado grønn gudinnedressing 231

90. Avokadosaus 233

91. Basic Everyday Vinaigrette 235

92. Chimichurri-saus 237

93. Kremet fetasaus 239

94. Essensiell pestosaus med alle urter 241

95. Lett og kremet geitostesaus 243

96. Miso-ingefærsaus 245

97. Peanøttsaus 247

98. Raita 249

99. Stekt rød peppersaus 251

100. Tahinisaus 253

KONKLUSJON 255

INTRODUKSJON

Buddha-boller har blitt stadig mer populære de siste årene, og det med god grunn. Disse fargerike og næringsfylte bollene er en flott måte å nyte en rekke smaker og teksturer i ett måltid, samtidig som de gir kroppen din den næring den trenger for å trives. Fra korn og grønt til plantebaserte proteiner og sunt fett, Buddha-boller er det ultimate måltidet for alle som ønsker å spise et balansert kosthold.

I denne kokeboken vil vi dele 100 deilige og næringsrike Buddha-bolleoppskrifter som er perfekte for enhver tid på dagen. Enten du leter etter en solid frokostskål for å starte dagen, en lett og forfriskende lunsjskål, eller en mettende middagsskål, har vi dekket deg.

Oppskriftene våre er laget for å være enkle å følge, med enkle instruksjoner og lett å finne ingredienser. Vi vil også dele tips og triks for å bygge den perfekte Buddha-skålen, slik at du kan lage dine egne skreddersydde kreasjoner basert på dine preferanser og kostholdsbehov.

Så bli med oss på denne reisen for å oppdage kunsten å lage deilige og nærende Buddha-boller. Med våre 100 oppskrifter går du aldri tom for inspirasjon til ditt neste måltid.

I denne kokeboken finner du:

- Næringstette ingredienser
- Deilige plantebaserte proteiner
- Smakfullt og sunt fett
- Helkorn
- Sesongbaserte råvarer
- Enkle og lett å følge oppskrifter
- Tilpassbare alternativer for diettbehov og preferanser
- Vakre, levende bilder av hver rett
- Tips for tilberedning av måltider og satsvis matlaging
- En guide til viktige kjøkkenverktøy for å lage Buddha-boller
- Ideer for å lage balanserte måltider

Og så mye mer! Så, enten du er en erfaren proff eller nybegynner i Buddha-skålenes verden, er denne kokeboken for deg. Gjør deg klar til å gi næring til kroppen din og smaksløkene dine med vår samling av 100 deilige og sunne Buddha-bolleoppskrifter.

FROKOSTSKÅLER

1. Kokos Quinoa frokostboller

Serverer 4

INGREDIENSER
- 1 ss (14 g) kokosolje
- 1½ kopper (265 g) rød eller svart quinoa, skylt
- (14 unse, eller 392 g) kan usøtet lett kokosmelk, pluss mer til servering
- kopper (470 ml) vann
- Fint havsalt
- spiseskjeer (40 g) honning, agave eller lønnesirup
- 2 ts (10 ml) vaniljeekstrakt
- Kokos yoghurt
- Blåbær
- goji-bær
- Ristede gresskarkjerner
- Ristet usøtet kokosflak

BRUKSANVISNING

a) Varm oljen i en kjele på middels varme. Tilsett quinoaen og rist i ca 2 minutter, rør ofte. Rør sakte inn boksen med kokosmelk, vannet og en klype salt. Quinoaen vil boble og sprute først, men vil raskt sette seg. Kok opp, dekk deretter til, reduser varmen til lavt og la det småkoke til det får en mør, kremet konsistens, ca. 20 minutter. Fjern fra varmen og rør inn honning, agave eller lønnesirup og vanilje.

b) For å servere deler du quinoaen mellom boller. Topp med ekstra kokosmelk, kokosnøttyoghurt, blåbær, gojibær, gresskarkjerner og kokosflak.

Hva er forskjellen mellom hvit, rød og svart quinoa? Til å begynne med er alle tre variantene like når det kommer til helse og ernæring. Hver av dem er glutenfri, er et komplett protein, og har en god dose fiber og jern. Det er et par subtile forskjeller som skiller dem fra hverandre: koketid, seighet og smak. Hvit quinoa har den mildeste smaken av de tre og tar vanligvis omtrent 15 minutter å tilberede. Rød quinoa krever noen ekstra minutter på komfyren, kommer med en mer nøtteaktig smak og har litt mer tygging, mens svart quinoa er den mest nøtteaktige av de tre, med den mest distinkte smaken og teksturen, og drar nytte av en ekstra 5 minutters koking tid. De kan alle brukes om hverandre, så den du velger avhenger av personlig preferanse.

2. Eplepai Farro frokostboller

Serverer 4

INGREDIENSER
- 2 epler, hakket, delt
- 1 kopp (165 g) perlet farro
- 4 kopper (940 ml) vann
- 1½ kopper (355 ml) melk (meieprodukter eller ikke-melkeri)
- 1 ts (2 g) malt kanel
- ½ ts malt ingefær
- ⅛ teskje allehånde
- Fint havsalt
- 2 ss (30 ml) lønnesirup, honning eller agave
- ½ ts vaniljeekstrakt
- Ristede pekannøtter
- Rosiner
- Ristede gresskarkjerner
- Hampfrø

BRUKSANVISNING
a) Tilsett ett av de hakkede eplene, sammen med farro, vann, melk, kanel, ingefær, allehånde og en klype salt i en middels kjele, og rør sammen. Kok opp. Reduser varmen til lav, dekk til og la det småkoke, rør av og til, til det er møre, 30 til 35 minutter. All væsken vil ikke bli absorbert. Fjern fra varmen, rør inn lønnesirup, honning eller agave og vanilje, dekk til og damp i 5 minutter.
b) For å servere, del farroen mellom boller. Tilsett det resterende eplet og topp med pekannøtter, rosiner, gresskarfrø og hampfrø.

3. Blackberry Hirse frokostskåler

Serverer 4

INGREDIENSER
- 1 kopp (165 g) ukokt hirse
- 2 kopper (470 ml) melk (meieprodukter eller ikke-melkeri)
- 1½ kopper (355 ml) vann
- 1½ kopper (220 g) bjørnebær, delt
- ½ ts malt ingefær
- Fint havsalt
- 3 ss (60 g) honning, pluss mer til topping
- 1 ts (5 ml) vaniljeekstrakt
- 2 ss (30 ml) ferskpresset sitronsaft
- 1 kopp (240 g) vanlig gresk yoghurt
- Ristede valnøtter, hakket
- Usøtet ristede kokosflak

BRUKSANVISNING
a) Kombiner hirse, melk, vann, ½ kopp (75 g) av bærene, ingefær og en klype salt i en middels kjele. Kok opp, reduser deretter varmen til lav, dekk til og la det småkoke til det er mørt, men ikke all væsken er absorbert, ca. 15 minutter. Rør av og til og del opp bærene med en skje mens de mykner.

b) Ta av varmen og damp med lokk på i 5 minutter. Rør inn honning og vanilje.

c) I mellomtiden, visp sitronsaften inn i yoghurten.

d) For å servere, del hirsen mellom boller. Topp med yoghurtblanding, den resterende 1 koppen (145 g) bjørnebær, valnøtter, kokos og en skvett honning.

4. Lønn-vanilje havreboller over natten

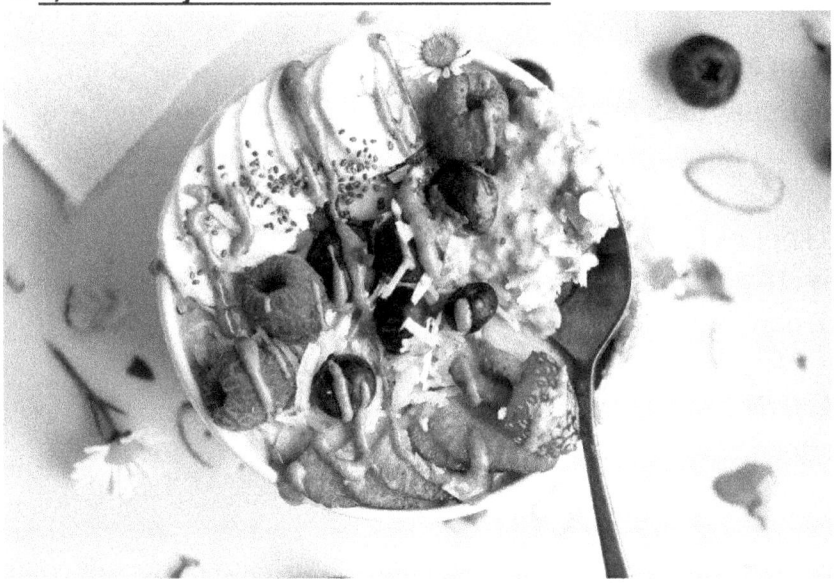

Serverer 4

INGREDIENSER
- 1½ kopper (355 ml) melk (meieprodukter eller ikke-melkeri)
- 1 kopp (240 g) gresk yoghurt eller vanilje yoghurt
- 3 ss (45 ml) lønnesirup 2 ts (10 ml) vaniljeekstrakt
- 1½ kopper (120 g) gammeldags havre
- 3 ss (18 g) chiafrø
- 1 banan, i skiver
- 4 ferske fiken, delt i kvarte
- Hakkede pistasjnøtter
- Nøttesmør

BRUKSANVISNING

a) Visp sammen melk, yoghurt, lønnesirup og vanilje i en stor bolle. Tilsett havre og chiafrø; rør for å kombinere. Dekk til og avkjøl over natten.

b) For å servere, rør havreblandingen sammen og del mellom boller.

c) Topp med banan, fiken og pistasjnøtter. Drypp med nøttesmør.

5. Granateple og Freekeh frokost Tabbouleh boller

Serverer 4

INGREDIENSER
- ¾ kopp (125 g) sprukket freekeh
- 2 kopper (470 ml) vann
- Fint havsalt og nykvernet sort pepper
- 1 sprøtt eple, kjernet ut og i terninger, delt
- 1 kopp (120 g) granateple
- ½ kopp (24 g) hakket fersk mynte
- 1 ss (15 ml) ekstra virgin olivenolje
- 1½ ss (23 ml) appelsinblomstvann
- 2 kopper (480 g) vanlig gresk yoghurt
- Ristede usaltede mandler, hakket

BRUKSANVISNING

a) Kombiner freekeh, vann og en klype salt i en middels kjele. Kok opp, reduser deretter varmen til lav og la det småkoke i 15 minutter, rør av og til, til all væsken er absorbert og freekeh er mør. Fjern fra varmen, dekk til med et lokk og damp i ca 5 minutter. Ha freekeh over i en bolle og avkjøl helt.

b) Tilsett halvparten av eplet og granateplet, mynte, olivenolje og et par kverner pepper til freekeh og rør godt for å kombinere.

c) Rør appelsinblomstvannet inn i yoghurten til det er godt blandet.

d) For å servere, del freekeh mellom boller. Topp med appelsinduftende yoghurt, resterende epler og mandler.

6. Maple-Masala Vinter Squash frokostboller

Serverer 4

INGREDIENSER
- 2 middels eikenøtt squash
- 4 ts (20 g) kokosolje
- 1 ss (15 ml) lønnesirup eller brunt sukker
- 1 teskje (2 g) garam masala
- Fint havsalt
- 2 kopper (480 g) vanlig gresk yoghurt
- Granola
- goji-bær
- Granateple arils
- Hakkede pekannøtter
- Ristede gresskarkjerner
- Nøttesmør
- Hampfrø

BRUKSANVISNING

a) Forvarm ovnen til 375 °F (190 °C, eller gassmerke 5).

b) Del squashen i to fra stilk til bunn. Øs ut og kast frøene. Pensle kjøttet av hver halvdel med olje og lønnesirup, og dryss deretter over garam masala og en klype havsalt. Legg squashen på et bakepapir med kant med snittsiden ned. Stek til de er myke, 35 til 40 minutter.

c) Snu squashen og avkjøl litt.

d) Til servering fyller du hver squashhalvdel med yoghurt og granola. Topp med gojibær, granateple, pekannøtter og gresskarkjerner, drypp med nøttesmør og dryss hampfrø.

7. Chai-krydret flerkornsgrøtboller

Serverer 4

INGREDIENSER
- 2 kopper (470 ml) vann
- 3 chai teposer
- ⅓ kopp (26 g) stålkuttet havre
- ⅓ kopp (55 g) perlebygg ⅓ kopp (60 g) quinoa, skylt
- Fint havsalt
- 1½ kopper (355 ml) melk (meieprodukter eller ikke-melkeri)
- 3 ss (60 g) honning, lønnesirup eller agave
- 1 ts (5 ml) vaniljeekstrakt
- 1 banan, i skiver
- Usøtet ristede kokosflak
- Kakaonibs
- Ristede pekannøtter

BRUKSANVISNING

a) Kok opp vannet i en middels kjele. Fjern fra varmen, tilsett teposene og la det trekke i 5 minutter. Fjern og kast teposene.

b) Sett pannen tilbake på lav varme og tilsett havre, bygg, quinoa og en klype salt. Kok, rør av og til og skrap bunnen av pannen etter behov, til det meste, men ikke alt, vannet er absorbert, ca. 15 minutter. Rør sakte inn melken. Fortsett å koke, rør av og til, til kornene er møre og kremete, ca 20 minutter lenger. Ta av varmen og rør inn honning, lønnesirup eller agave og vanilje.

c) For å servere deler du grøten mellom boller. Topp med banan, kokos, kakaonibs og pekannøtter.

8. Søtpotet frokostboller

Serverer 4

INGREDIENSER
- 2 store eller 4 små søtpoteter, bakte
- ¼ kopp (65 g) kremet nøttesmør, pluss mer til å drysse på
- 1 spiseskje (14 g) ghee
- ½ ts malt kanel
- 1 banan, i skiver
- Friske blåbær
- Hakkede jordbær
- Skivede mandler
- Hampfrø

BRUKSANVISNING

a) Varm forsiktig søtpotetene. Skrell og mos godt med en gaffel i en stor bolle. Tilsett nøttesmør, ghee og kanel, og rør godt for å kombinere.

b) Fordel søtpotetmosen mellom boller. Topp med skivede bananer, blåbær, jordbær, mandler, hampfrø og en ekstra skvett nøttesmør.

9. Slow Cooker Miso havre- og eggeskåler

Serverer 4

INGREDIENSER
- 1 kopp (80 g) stålkuttet havre
- 4 kopper (940 ml) grønnsaks- eller kyllingbuljong
- 3 ss (45 g) hvit miso
- 1 ss (14 g) usaltet smør, pluss mer for å smøre saktekokeren
- 4 store egg
- 4 reddiker, i tynne skiver
- Brokkoli-, kløver- eller alfalfaspirer
- Ristede gresskarkjerner

BRUKSANVISNING
a) Belegg innsatsen til en 6-quart (5,4 L) eller større saktekoker grundig med et lett lag smør. Kombiner havre og buljong i innsatsen og rør sammen. Dekk til og kok på lavt nivå i 7 til 8 timer.
b) Rør sammen havren en gang til. Visp miso og smør inn i havren. Hold saktekokeren varm mens du tilbereder eggene.
c) Kok opp en middels gryte med vann på middels varme. Bruk en skje til å senke eggene forsiktig ned i vannet. Kok i 6 minutter, hold en svak oppkoking. Reduser varmen om nødvendig. Overfør eggene til et isbad til de er kjølige nok til å håndtere, men fortsatt varme. Skrell eggene, og del hvert i to.
d) For å servere deler du havren mellom boller. Topp med et egg, oppskåret reddik, spirer og gresskarkjerner.

10. Golden Milk Chia Frø frokostboller

Serverer 4

INGREDIENSER
- 4 kopper (940 ml) usøtet cashewmelk
- 1 ss (14 g) kokosolje
- 1 teskje (2 g) malt gurkemeie
- ¼ teskje malt ingefær
- ¼ teskje malt kanel
- ¼ ts fint havsalt
- ⅛ teskje malt kardemomme
- 6 dadler med hull
- 1 ts (5 ml) vaniljeekstrakt
- ¾ kopp (72 g) chiafrø
- Blåbær
- Ferske fiken, delt i kvarte
- Usøtet ristede kokosflak
- Skivede mandler
- Hampfrø

BRUKSANVISNING
a) Tilsett melk, kokosolje, gurkemeie, ingefær, kanel, salt og kardemomme i en middels kjele. Visp sammen og la det småkoke på middels lav varme til det er varmt og krydderne er godt blandet. Ikke kok opp. Fjern fra varmen og avkjøl i ca 10 minutter.
b) Ha melken over i en blender sammen med dadler og vanilje. Blend kontinuerlig på høy hastighet til dadlene er helt brutt ned og væsken er jevn. Tilsett chiafrøene og bland til de er blandet. Hell i en stor bolle, dekk til og avkjøl i minst 6 timer eller over natten for å tykne.
c) For å servere deler du chiapuddingen mellom boller. Topp med blåbær, ferske fiken, kokosflak, mandler og hampfrø.

11. Vitamin C Papaya boller

Serverer 4

INGREDIENSER

- 4 ss (40 g) amarant, delt
- 2 små modne papayaer (ca 1 pund, eller 455 g hver)
- 2 kopper (480 g) kokosnøttyoghurt
- 2 kiwi, skrelt og i terninger
- 1 stor rosa grapefrukt, skrelt og delt
- 1 stor navleappelsin, skrelt og delt
- Hampfrø
- Svarte sesamfrø

BRUKSANVISNING

a) Varm en høy, bred kjele over middels høy varme i flere minutter. Sjekk om pannen er varm nok ved å tilsette noen korn amaranth. De skal dirre og poppe i løpet av noen få sekunder. Hvis ikke, varm pannen i et minutt lenger og test på nytt. Når pannen er varm nok, tilsett 1 ss (10 g) av amaranth. Kornene skal begynne å poppe i løpet av noen få sekunder. Dekk til kjelen og rist av og til, til alle kornene er spratt. Hell den poppede amaranten i en bolle, og gjenta med den resterende amaranten, 1 ss (10 g) om gangen.

b) Skjær papayaene i to på langs, fra stilk til hale, og fjern og kast frøene. Fyll hver halvdel med poppet amarant og kokosnøttyoghurt. Topp med kiwi, grapefrukt og appelsinsegmenter, og dryss hampfrø og sesamfrø.

12. Spinat- og sopppesto frokostboller

Serverer 4

INGREDIENSER
- 3 ss (45 ml) avokado eller extra virgin olivenolje, delt
- 16 cremini-sopp, delt i kvarte
- Kosher salt og nykvernet pepper
- 8 pakkede kopper (240 g) babyspinat
- 4 store egg
- 8 unser (225 g) zucchininudler
- ½ kopp (120 ml) basilikumpestosaus
- 2 avokadoer, skrellet, uthulet og kuttet i terninger
- røde pepper flak

BRUKSANVISNING
a) Varm 1 ss (15 ml) av oljen i en stor stekepanne over middels høy varme. Tilsett soppen og smak til med salt og pepper. Kok, rør av og til, til de er godt brune, ca 5 minutter. Ha over på en tallerken og sett til side.
b) Varm en spiseskje (15 ml) olje i samme panne på middels varme. Tilsett spinaten. Kok, vend av og til, til den er visnet, ca. 2 minutter. Ha over på tallerkenen med soppen. Varm opp den resterende 1 ss (15 ml) oljen i pannen og stek eggene.
c) Kast zucchininudlene med en skje pesto. For å servere deler du zucchininudlene mellom boller. Tilsett sopp, spinat, stekt egg og avokado. Topp med ekstra pesto og dryss over røde pepperflak.

13. Black Bean og Chorizo boller

Serverer 4

INGREDIENSER
- 3 kopper (90 g) babyspinat
- 2 ss (30 ml) avokado eller extra virgin olivenolje, delt
- 8 unser (225 g) riset blomkål
- Kosher salt og nykvernet sort pepper
- ¼ kopp (4 g) finhakket fersk koriander, pluss mer til topping
- 8 unser (225 g) meksikansk chorizosalat eller
- soyrizo, tarmene fjernet
- 4 store egg
- 1 kopp (200 g) svarte bønner, drenert og skylt
- Salsa
- ½ kopp (120 ml) avokadosaus
- Fordel spinaten mellom boller.

BRUKSANVISNING
a) Varm 1 ss (15 ml) av oljen i en stor stekepanne over middels varme. Tilsett riset blomkål og smak til med salt og pepper. Kok, rør av og til, til blomkålen er gjennomvarmet og litt myk, ca. 3 minutter. Ta av varmen og rør inn koriander. Fordel mellom bollene. Tørk pannen ren.
b) Varm opp den resterende 1 ss (15 ml) oljen i samme panne på middels varme. Tilsett chorizoen. Stek, del opp kjøttet med en tresleiv, til det er gjennomstekt og godt brunet, 6 til 8 minutter. Bruk en hullsleiv til å overføre chorizoen til en tallerken med papirhåndkle.
c) Reduser varmen til lav og stek eggene i samme panne.
d) For å servere, topp bollene med chorizo, egg, sorte bønner og salsa.
e) Drypp med avokadosaus og dryss over ekstra koriander.

14. Slow Cooker Congee frokostboller

Serverer 4

INGREDIENSER
- ¾ kopp (125 g) sjasminris
- 4 kopper (940 ml) vann
- 3 kopper (705 ml) grønnsaks- eller kyllingkraft
- 1-tommers (2,5 cm) bit fersk ingefær, skrelt og tynt skåret
- Kosher salt og nykvernet sort pepper
- 3 ss (45 ml) avokado eller extra virgin olivenolje, delt
- 6 unser (168 g) sopp, helst cremini eller shiitake, i skiver
- 6 kopper (180 g) babyspinat
- 4 store egg
- Kimchi
- Skålløk, i tynne skiver

BRUKSANVISNING

a) Tilsett ris, vann, kraft, ingefær og 1 ts (6 g) salt til en 3½ liter (3,2 L) eller større saktekoker og rør sammen. Dekk til, sett til lavt nivå og kok til risen er brutt ned og kremet, ca. 8 timer.

b) Fjern og kast ingefæren. Rør, skrap sidene og bunnen av saktekokeren. Fordel congee mellom boller.

c) Varm 1 ss (15 ml) av oljen i en stor panne over middels høy varme. Tilsett soppen, smak til med salt og pepper, og surr til den er mør, ca 5 minutter. Skje over congee.

d) Varm 1 ss (15 ml) olje i samme panne på middels varme. Tilsett spinaten og kok, vend av og til, til den akkurat har visnet, ca. 2 minutter. Fordel spinaten mellom bollene.

e) Varm opp den resterende 1 ss (15 ml) oljen i samme panne, og stek eggene.

f) Tilsett eggene i bollene med congee, og topp med kimchi og løk.

15. Bokhvete og svarte bønner frokostskåler

Serverer 4

INGREDIENSER
- ¾ kopp (125 g) kasha bokhvete
- 1⅓ kopper (315 ml) vann
- ½ spiseskje (7 g) usaltet smør
- Kosher salt og nykvernet sort pepper
- 4 kopper (520 g) dampet grønnkål
- 1½ kopper (300 g) eller 1 (15 unse, eller 420 g) boks svarte bønner, drenert og skylt
- 4 hardkokte egg
- 2 avokadoer, skrellet, uthulet og most
- 1 vannmelon reddik, i tynne skiver
- Smuldret feta
- 1 oppskrift Miso-ingefærsaus
- sesamfrø
- Aleppo pepper

BRUKSANVISNING

a) Kombiner bokhveten, vann, smør og en sjenerøs klype salt i en middels kjele. Kok opp, reduser deretter varmen til lav, dekk til og la det småkoke til det er mørt, 15 til 20 minutter.

b) For å servere deler du bokhveten mellom boller. Topp med dampet grønnkål, bønner, hardkokt egg i skiver, avokado, reddik og fetaost. Drypp med miso-ingefærsaus og dryss over sesamfrø og Aleppopepper.

16. Krypterte kikertfrokostboller

Serverer 4

INGREDIENSER
- 2 pakkede kopper (60 g) babyspinat
- 3 ss (45 ml) avokado eller extra virgin olivenolje, delt
- 8 unser (225 g) riset blomkål
- Kosher salt og nykvernet sort pepper
- ½ middels løk, i terninger
- 1 rød paprika, kjernekjernet og i terninger 3 kopper (600 g) eller 2 (15 unse, eller 420 g) bokser kikerter, drenert og skylt
- 1 fedd hvitløk, finhakket
- 2 ts (4 g) malt spisskummen
- 1 ts (2 g) malt koriander
- 1 teskje (2 g) gurkemeie
- 2 avokadoer, skrellet, uthulet og skåret i tynne skiver
- 1 oppskrift på grønn tahinisaus (side 26)

BRUKSANVISNING
a) Fordel spinaten mellom boller.
b) Varm 1 ss (15 ml) av oljen i en stor stekepanne på middels varme. Tilsett riset blomkål og smak til med salt og pepper. Kok, rør av og til, til de er møre, ca 3 minutter. Hell over spinaten.
c) Varm opp de resterende 2 ss (30 ml) oljen i samme panne på middels varme. Tilsett løk, paprika, salt og pepper. Kok, rør av og til, til den er myk og duftende, ca 5 minutter. Mos i mellomtiden halvparten av kikertene med en gaffel. Rør inn hele og moste kikerter, hvitløk, spisskummen, koriander og gurkemeie, og kok, rør av og til til de er myke, ca. 3 minutter.
d) Til servering, topp spinat og riset blomkål med kikerter og avokado. Drypp med grønn tahinisaus.

HOVEDRETT

17. Kraftboller med sprø potet og røkt laks

Serverer 4

INGREDIENSER
- 8 fingerling poteter, halvert på langs
- 1 middels rødløk, kuttet i store biter
- 2 ss (30 ml) avokado eller extra virgin olivenolje, delt
- Kosher salt og nykvernet sort pepper
- 6 pakkede kopper (180 g) babyspinat
- 225 g røkt laks i tynne skiver
- 4 posjerte egg
- ½ middels engelsk agurk, halvert og i tynne skiver
- 1 avokado, skrellet, uthulet og kuttet i terninger
- 1 oppskrift Sitronyoghurtsaus
- Frisk dill

BRUKSANVISNING

a) Plasser en ovnsrist omtrent 15 cm under broileren, og sett ovnen til å steke. Kast potetene og løken med 1 ss (15 ml) olje, salt og pepper. Legg i et enkelt lag på en bakeplate. Stek til de er brune og sprø rundt kantene, ca. 8 minutter.

b) Varm opp den resterende 1 ss (15 ml) oljen i en stor stekepanne over middels varme til den skinner. Tilsett spinat og en klype salt. Kok, vend av og til, til visnet, 2 til 3 minutter.

c) For å servere, del poteter, løk og spinat mellom boller.

d) Topp med røkelaks, et posjert egg, agurk og avokado.

e) Drypp med sitronyoghurtsaus og dryss over fersk dill.

18. Tofu Scramble Bowls med Grønnkål og rosenkål

Serverer 4
INGREDIENSER
- 2 kopper (140 g) finstrimlet toskansk grønnkål
- ½ pund (224 g) rosenkål, trimmet og strimlet
- 2½ spiseskjeer (37 ml) avokado eller ekstra virgin olivenolje, delt
- Saft fra ½ sitron
- Kosher salt og nykvernet sort pepper
- 1 stor søtpotet, kuttet i terninger
- ½ ts paprika
- 14 unser (392 g) ekstra fast tofu, presset og drenert
- 3 løk, hvite og grønne deler, i tynne skiver
- 2 ss (6 g) næringsgjær
- 1 teskje (2 g) malt gurkemeie
- ½ ts hvitløkspulver
- 2 avokado, skrellet, uthulet og skåret i tynne skiver
- 1 oppskrift Grønn Tahinisaus
- Solsikkefrø

BRUKSANVISNING

a) Forvarm ovnen til 425 °F (220 °C, eller gassmerke 7).

b) Tilsett grønnkålen og rosenkålen i en stor bolle. Gni med ½ spiseskje (7 ml) av oljen og bland med sitronsaft og en klype salt; sette til side.

c) Legg potetskivene på et bakepapir med rander og bland med 1 ss (15 ml) olje, paprika, salt og pepper. Stek til de er møre og lett brune, ca 20 minutter, rør en gang halvveis. Tilbered tofuen i mellomtiden.

d) Tilsett tofuen i en middels bolle, og del i små ostemasse med en gaffel eller fingrene. Varm opp den resterende 1 ss (15 ml) oljen i en stor stekepanne over middels høy varme. Tilsett løkløken og fres til den er myk og velduftende, ca 2 minutter. Tilsett tofuen og fres i 2 minutter. Tilsett næringsgjær, gurkemeie, hvitløkspulver, salt og pepper, og rør til det er godt blandet. Fortsett å koke til tofuen er gjennomvarmet og lett brunet, 4 til 5 minutter lenger.

e) For å servere deler du grønnkålen og rosenkålen mellom boller. Topp med stekt søtpotet, kryptert tofu og avokado, drypp deretter med grønn tahinisaus og dryss med solsikkefrø.

19. Niçoise boller med linser og røkt laks

Serverer 4

INGREDIENSER
- ¾ kopp (144 g) franske linser
- Kosher salt og nykvernet sort pepper
- 8 fingerling poteter, halvert på langs
- 2 ss (30 ml) avokado eller extra virgin olivenolje, delt
- 1 sjalottløk, i terninger
- 6 unser (168 g) grønne bønner, trimmet
- 2 pakkede kopper (40 g) ruccola
- 1 kopp (150 g) druetomater, halvert
- 8 reddiker, delt i kvarte
- 1 fennikelløk, trimmet og skåret i tynne skiver
- 4 hardkokte egg, halvert
- 4 unser (115 g) røkt laks i tynne skiver
- 1 oppskrift Hvitvin – Sitron Vinaigrette

BRUKSANVISNING

a) Forvarm ovnen til 425 °F (220 °C, eller gassmerke 7).

b) Tilsett linsene og en sjenerøs klype salt i en middels kasserolle, og dekk med vann med minst 5 cm. Kok opp, reduser deretter varmen til lav og la det småkoke til det er mørt, ca 25 minutter. Tøm overflødig vann.

c) Kast potetene med 1 ss (15 ml) olje, salt og pepper. Legg i et enkelt lag på en bakeplate. Stek til de er møre og lett brune, ca 20 minutter. Sette til side.

d) I mellomtiden, varm opp den resterende 1 ss (15 ml) oljen i en stekepanne på middels varme. Fres sjalottløken til den er myk, ca 3 minutter. Tilsett de grønne bønnene og smak til med salt og pepper. Kok, rør av og til, til de er akkurat møre, ca 5 minutter.

e) For å servere deler du linsene og ruccolaen mellom boller. Topp med sprø poteter, grønne bønner, tomater, reddik, fennikel, egg og røkelaks. Drypp med hvitvin-sitronvinaigrette.

20. Mandel-Quinoa og lakseboller

Serverer 4

INGREDIENSER
- 1 kopp (175 g) quinoa, skylt
- 2 kopper (470 ml) vann
- Kosher salt og nykvernet sort pepper
- 2½ ss (37 ml) avokado eller ekstra virgin olivenolje, delt ¼ kopp (36 g) hakkede ristede mandler, pluss mer til topping
- 4 (4 til 6 unse, 115 til 168 g) laksefileter
- 12 bunter brokkolini
- 2 store rødbeter, skrelt og i tynne skiver
- 2 kopper (40 g) ruccola
- ¾ kopp (180 ml) stekt rød pepper
- Saus

BRUKSANVISNING
BRUKSANVISNING
a) Kombiner quinoa, vann og en sjenerøs klype salt i en middels gryte. Kok opp, reduser deretter varmen til en koking og kok uten lokk til de er møre, ca. 15 minutter. Fjern fra varmen, dekk til med et lokk og damp i ca 5 minutter. Luft quinoaen med en gaffel, og rør deretter inn ½ spiseskje (7 ml) av oljen og mandlene.
b) Plasser en ovnsrist ca. 6 tommer (15 cm) under kjelen, og sett ovnen til å steke.
c) Plasser laksen på den ene siden av en bakeplate, med skinnsiden ned. Pensle lett med 1 ss (15 ml) av oljen og smak til med salt og pepper. Kast brokkolinien med den resterende 1 ss (15 ml) olje, salt og pepper. Fordel brokkolinien i et enkelt lag på den andre siden av bakeplaten. Stek til laksen er gjennomstekt og flaker lett, 6 til 8 minutter, avhengig av tykkelse.
d) For å servere deler du quinoaen mellom boller. Topp med laks, broc-colini, rødbeter og ruccola. Drypp med stekt rød peppersaus og dryss over mandler.

21. Skåler med røkt laks og soba nudler

Serverer 4

INGREDIENSER
- 4 ss (60 ml) tamari
- 1 ss (15 ml) riseddik
- 1 ss (6 g) nyrevet ingefær
- 1 ts (5 ml) ristet sesamolje
- ½ ts honning
- 6 unser (168 g) tørr bokhvete soba
- nudler
- 1 kopp (120 g) avskallet edamame
- 4 unser (115 g) røkt laks i tynne skiver
- 1 middels frøfri agurk, skrellet og skåret i julien
- 1 avokado, skrellet, uthulet og skåret i tynne skiver
- Strimlet nori
- røde pepper flak

BRUKSANVISNING

a) Visp tamari, riseddik, ingefær, sesamolje og honning sammen i en liten bolle; sette til side.

b) Kok opp en stor kjele med saltet vann. Kok soba-nudlene etter anvisningen på pakken. Tøm nudlene og skyll grundig med kaldt vann. Rør sausen sammen en gang til og bland nudlene med 1 ss (15 ml) saus.

c) For å servere deler du soba-nudlene mellom boller. Topp med edamame, røkelaks, agurk og avokado. Drypp over saus og dryss over nori og røde pepperflak.

22. Marokkanske laks- og hirseboller

Serverer 4

INGREDIENSER
- ¾ kopp (130 g) hirse
- 2 kopper (470 ml) vann
- Kosher salt og nykvernet sort pepper
- 3 spiseskjeer (45 ml) avokado eller ekstra virgin olivenolje, delt
- ½ kopp (75 g) tørkede rips
- ¼ kopp (12 g) finhakket fersk mynte
- ¼ kopp (12 g) finhakket fersk persille
- 3 mellomstore gulrøtter
- 1½ spiseskjeer (9 g) harissa
- 1 teskje (6 g) honning
- 1 fedd hvitløk, finhakket
- ½ ts malt spisskummen
- ½ ts malt kanel
- 4 (4 til 6 unse, 115 til 168 g) laksefileter
- ½ middels engelsk agurk, hakket
- 2 pakkede kopper (40 g) ruccola
- 1 oppskrift Mintyoghurtsaus

BRUKSANVISNING

a) Forvarm ovnen til 425 °F (220 °C, eller gassmerke 7).

b) Tilsett hirsen i en stor, tørr kjele og rist på middels varme til den er gyldenbrun, 4 til 5 minutter. Tilsett vannet og en sjenerøs klype salt. Vannet vil sprute, men vil legge seg raskt. Kok opp. Reduser varmen til lav, rør inn 1 ss (15 ml) av oljen, dekk til og la det småkoke til mesteparten av vannet er absorbert, 15 til 20 minutter. Ta av varmen og damp i kjelen i 5 minutter. Når det er avkjølt, rør inn rips, mynte og persille.

c) I mellomtiden skrell og skjær gulrøttene i 1,3 cm tykke runder. Visp sammen 1½ ss (23 ml) olje, harissa, honning, hvitløk, salt og pepper i en middels bolle. Tilsett gulrøttene og bland for å kombinere. Fordel i et jevnt lag på den ene siden av et bakepapirkledd bakepapir. Stek gulrøttene i 12 minutter.

d) Visp sammen den gjenværende ½ ss (7 ml) olje, spisskummen, kanel og ½ ts salt i en liten bolle. Pensle over laksefiletene. Ta bakeplaten ut av ovnen. Vend gulrøttene, og legg deretter laksen på den andre siden. Stek til laksen er gjennomstekt og lett flaker seg, 8 til 12 minutter avhengig av tykkelse.

e) For å servere, del urtehirsen mellom boller. Topp med en laksefilet, ristede gulrøtter, agurk og ruccola, og drypp med mynteyoghurtsaus.

23. Bittersøte kraftboller for sitrus og laks

Serverer 4
INGREDIENSER
- Saft fra 1 navleappelsin
- 3 ss (45 ml) riseddik
- 2 ts (10 ml) ristet sesamolje
- 2 ts (12 g) honning
- Kosher havsalt og nykvernet sort pepper
- 1 kopp (165 g) perlet farro
- 2½ kopper (590 ml) vann
- 4 (4 til 6 unse, eller 115 til 168 g) laksefileter
- 2 ss (30 ml) avokado eller extra virgin olivenolje, delt
- 1 pund (455 g) rosenkål, trimmet og halvert
- ½ middels hode radicchio, finstrimlet
- 1 fennikelløk, trimmet og skåret i tynne skiver
- 2 appelsiner, skrelt og segmentert, gjerne CaraCara eller blodappelsiner
- 4 løkløk, kun grønn del, i tynne skiver
- Ristede pistasjnøtter, hakket

BRUKSANVISNING

a) Visp sammen appelsinjuice, eddik, sesamolje, honning og en klype salt og pepper i en liten bolle; sette til side.

b) Tilsett farro, vann og en sjenerøs klype salt i en middels kjele. Kok opp, reduser deretter varmen til middels lav, dekk til og la det småkoke til farroen er mør med en liten tygging, ca. 30 minutter.

c) I mellomtiden plasserer du en ovnsstativ 15 cm under broileren, og setter ovnen til å steke. Pensle laksen med 1 ss (15 ml) av oljen og smak til med salt og pepper. Legg laksen med skinnsiden ned på den ene siden av en bakeplate med foliekant. Kast rosenkålen med de resterende 1 ss (15 ml) olje, salt og pepper, og fordel deretter i et jevnt lag på den andre siden av bakeplaten. Stek til laksen er gjennomstekt og flaker lett, 6 til 8 minutter, avhengig av tykkelse.

d) For å servere, del farro, rosenkål og radicchio mellom boller. Topp med laks, fennikel, appelsinsegmenter, løk og pistasjnøtter. Pisk dressingen sammen en gang til og ringle over toppen.

24. Teriyaki-skåler med laks med misobraisert grønnkål

Serverer 4

INGREDIENSER
- ¾ kopp (125 g) forbudt ris
- 1½ kopper (355 ml) vann
- Kosher salt og nykvernet sort pepper
- ¼ kopp (60 ml) soyasaus
- ¼ kopp (80 g) honning eller agave
- 2 ss (30 ml) riseddik
- 1 spiseskje (6 g) revet fersk ingefær
- 2 fedd hvitløk, finhakket
- 4 (4 til 6 unse, 115 til 168 g) laksefileter
- 1¼ kopper (295 ml) kyllingkraft
- 1 spiseskje (15 g) hvit misopasta
- 2 teskjeer (10 ml) mirin
- 1½ ss (23 ml) avokado eller ekstra virgin olivenolje
- 6 kopper (420 g) hakket toskansk grønnkål
- 1 kopp (120 g) avskallet edamame
- 2 avokado, skrellet, uthulet og skåret i tynne skiver
- 1 oppskrift Miso-ingefærsaus
- Skålløk, i tynne skiver
- sesamfrø

BRUKSANVISNING
a) Kombiner ris, vann og en sjenerøs klype salt i en middels gryte og kok opp. Reduser varmen til lav, dekk til og la det småkoke, rør av og til, til risen er mør, ca. 30 minutter.

b) Visp sammen soyasaus, honning eller agave, riseddik, ingefær, hvitløk og en klype pepper i en grunn beholder som er stor nok til å holde alle laksebitene i ett lag. Legg laksen i fatet med skinnsiden opp. Dekk til og avkjøl i minst 10 minutter.

c) I mellomtiden, i en liten bolle, visp sammen kyllingkraft, misopasta og mirin til misopastaen er helt oppløst. Varm oljen i en stor stekepanne over middels varme. Tilsett grønnkålen, smak til med salt og pepper, og stek i 2 minutter. Hell i kraftblandingen og kok til grønnkålen er mør og mesteparten av væsken er absorbert, ca 5 minutter.

d) Plasser en ovnsrist 15 cm under broileren og sett ovnen til å steke. Legg laksen med skinnsiden ned på en foliekledd bakeplate og kast marinaden. Stek til laksen er gjennomstekt og flaker lett, 6 til 8 minutter, avhengig av tykkelse.

e) For å servere deler du risen mellom boller. Topp med grønnkål, laks, edamame og avokado. Drypp med miso-ingefærsaus og dryss over løk og sesamfrø.

25. Tomatstekt torsk og byggboller

Serverer 4
INGREDIENSER
- ¾ kopp (125 g) perlebygg
- 2¼ kopper (530 ml) vann
- Kosher salt og nykvernet sort pepper
- 2 ss (30 ml) avokado eller ekstra virgin olivenolje
- ½ middels rødløk, i terninger
- 2 fedd hvitløk, finhakket
- 2 ts (2 g) tørket oregano
- 1 (14 unse, eller 392 g) boks knuste tomater
- ½ kopp (120 ml) kyllingkraft
- ¼ kopp (36 g) kapers, drenert
- 4 (4 til 6 unse, 115 til 168 g) skinnfri torskefilet
- 3 pakkede kopper (90 g) babyspinat 1 hode brokkoli, kuttet i buketter
- 1½ kopper (300 g) eller 1 (14 unse, eller 392 g) boks hvite bønner, drenert og skylt

BRUKSANVISNING

a) Kombiner bygg, vann og en klype salt i en middels kjele. Kok opp, dekk til, reduser varmen til lavt og la det småkoke til det er mørt, 30 til 40 minutter.

b) Varm oljen i en stor, bred panne på middels varme. Tilsett løk, hvitløk og oregano. Kok, rør av og til, til løken er mør, ca 4 minutter. Tilsett knuste tomater, kraft, kapers, salt og pepper, og rør for å kombinere. La sausen småkoke til den tykner litt, ca 4 minutter. Krydre torsken på begge sider med salt og pepper. Legg filetene i gryten, så de er delvis nedsenket og hell litt av sausen over toppen. Stek til filetene er ugjennomsiktige og gjennomstekt, 6 til 8 minutter. Tilsett spinaten, rør for å kombinere og kok i 1 minutt lenger.

c) I mellomtiden, damp brokkolien.

d) For å servere deler du byggen mellom boller. Topp med torsk, brokkoli og hvite bønner. Hell den resterende sausen og spinaten over toppen.

26. Skåler med sesam tunfisk

Serverer 4

INGREDIENSER

- 4 ss (60 ml) soyasaus
- 2 ss (30 ml) riseddik
- Saft av 1 lime
- 2 ts (12 g) honning
- 1 ts (5 ml) ristet sesamolje
- 1 ss (6 g) finrevet fersk ingefær
- 1 kopp (165 g) forbudt ris
- 2 kopper (470 ml) vann
- Kosher salt og nykvernet sort pepper
- ¼ kopp (36 g) hvite sesamfrø
- 2 ss (18 g) svarte sesamfrø
- 1 pund (455 g) ahi tunfisk
- 2 spiseskjeer (30 ml) avokado eller extra virgin olivenolje, delt, pluss mer for å børste tunfisken
- 4 hoder baby bok choy, trimmet og halvert på langs
- 1 kopp (120 g) avskallet edamame
- 2 avokado, skrellet, uthulet og skåret i tynne skiver
- 1 mango, skrellet, uthulet og kuttet i terninger

BRUKSANVISNING

a) Visp sammen soyasaus, riseddik, limejuice, honning, sesamolje og ingefær i en liten bolle; sette til side.

b) Kombiner ris, vann og en sjenerøs klype salt i en middels kjele og kok opp. Reduser varmen til lav, dekk til og la det småkoke, rør av og til, til risen er mør, ca. 30 minutter.

c) Bland de hvite og svarte sesamfrøene sammen i en grunn bolle eller tallerken. Pensle tunfisken lett med avokadoolje og smak til med salt og pepper. Drys tunfisken i sesamfrøene for å dekke alle sider. Varm 1 ss (15 ml) av oljen i en stekepanne over middels høy varme til den er veldig varm, men ikke rykende. Tilsett tunfisken i pannen. Stek i 2 minutter på hver side. Overfør til et skjærebrett mens du forbereder bokgutten, og skjær deretter i ¼-tommers (6 mm) tykke skiver.

d) Varm opp den resterende 1 ss (15 ml) oljen i en stekepanne på middels varme. Tilsett bok choy og smak til med salt og pepper. Kok, rør av og til, til den er visnet, ca 3 minutter.

e) For å servere deler du risen mellom boller. Topp med tunfisk, bok choy, edamame, avokado og mango. Pisk dressingen igjen og ringle over bollene.

27. Reker Sommerrullboller

Serverer 4

INGREDIENSER
- 2 ss (30 ml) riseddik
- 2 ss (30 ml) ferskpresset limejuice
- 1 spiseskje (15 ml) fiskesaus
- 2 teskjeer (8 g) sukker
- 4 unser (115 g) spiraliserte gulrotnudler
- 1 vannmelon reddik, i tynne skiver
- 4 unser (115 g) vermicelli risnudler
- 1 ts (5 ml) sesamolje
- 1 ss (15 ml) avokado eller ekstra virgin olivenolje
- 1 pund (455 g) mellomstore reker, skrellet og deveiert
- Kosher salt og nykvernet sort pepper
- 2 pakkede kopper (110 g) hakket romaine
- ½ middels engelsk agurk, i skiver
- 2 avokadoer, skrellet, uthulet og skåret i tynne skiver
- 1 oppskrift peanøttsaus (side 24)
- Frisk basilikum eller mynte, til pynt

BRUKSANVISNING

a) Visp sammen eddik, limejuice, fiskesaus og sukker i en middels bolle. Tilsett gulrotnudler og reddik, og rør for å belegge; sette til side

b) Kok risnudlene etter anvisningen på pakken. Tøm nudlene og bland med sesamolje.

c) Varm avokado eller olivenolje i en stor stekepanne over middels høy varme til den skinner. Legg rekene i et jevnt lag, smak til med salt og pepper, og stek uforstyrret til bunnen er rosa, ca 1 minutt. Vend rekene og kok, rør av og til, 1 til 2 minutter lenger.

d) Tøm væsken fra reddikene og gulrøttene. For å servere deler du risnudlene og romanen mellom boller. Topp med gulrotspiraler, reddiker, reker, agurk og avokado. Drypp med peanøttsaus og pynt med friske urter.

Gjør det vegetarisk! For en vegetarvennlig bolle, hopp over fiskesausen og bytt ut rekene med en blokk med ekstra fast tofu i terninger. Det er tre like deilige tilnærminger du kan ta - alt kommer ned til et spørsmål om preferanse: Tilsett ukokt tofu i bollen, dobbel syltingsvæsken for å marinere tofuen sammen med gulrøtter og reddik, eller stek tofuen raskt på komfyren. .

28. Vietnamesiske Zucchini-nudler og rekeskåler

Serverer 4

INGREDIENSER
- ½ kopp (120 ml) vann
- ¼ kopp (60 ml) ferskpresset limejuice
- 3 ss (45 ml) fiskesaus
- 2 ss (30 ml) riseddik
- 2 ss (25 g) sukker
- 1 spiseskje (15 ml) hvitløk chilisaus
- 2 fedd hvitløk, finhakket
- 1 pund (455 g) reker, skrellet og
- deveined
- 1 ss (15 ml) avokado eller ekstra virgin olivenolje
- 16 unser (455 g) zucchininudler 4 små gulrøtter, skrellet og barbert i bånd
- ½ middels engelsk agurk, i skiver
- ¼ kopp (12 g) friske mynteblader ¼ kopp (12 g) friske basilikumblader
- Hakkede usaltede peanøtter
- 1 lime, kuttet i terninger

BRUKSANVISNING

a) Visp vann, limejuice, fiskesaus, eddik, sukker, chilisaus og hvitløk sammen i en liten bolle.

b) Kombiner rekene med 2 til 3 ss (30 til 45 ml) av dressingen i en egen bolle, vend til belegg og mariner i ca. 10 minutter.

c) Varm oljen i en stor stekepanne over høy varme. Tilsett rekene, rør rundt av og til, til de er rosa, 2 til 3 minutter. Kast marinaden.

d) For å servere deler du zucchininudlene mellom boller. Topp med reker, gulrøtter, agurk, mynte, basilikum, peanøtter og en limekive, og drypp med dressingen.

29. Balsamico reker og Farro boller

Serverer 4
INGREDIENSER
- 1 kopp (165 g) perlefarro
- 2½ kopper (590 ml) vann
- Kosher salt og nykvernet pepper
- 2 storportobello-sopphetter, kuttet i ½-tommers (1,3 cm) tykke skiver
- 2 mellomstore zucchini, skåret i ½-tommers
- (1,3 cm)-tykke runder
- 1 rød paprika, kjernehuset og i tynne skiver
- 3 ss (45 ml) avokado eller extra virgin olivenolje, delt
- 2 ss (30 ml) balsamicoeddik
- 1 ts (6 g) honning 2 fedd hvitløk, finhakket
- 1 pund (455 g) reker, skrellet og deveiret
- Mikrogrønt
- ½ kopp (120 ml) avokadosaus

BRUKSANVISNING

a) Forvarm ovnen til 400 °F (200 °C, eller gassmerke 6).

b) Tilsett farro, vann og en sjenerøs klype salt i en middels kjele. Kok opp, reduser deretter varmen til lav, dekk til og la det småkoke til farroen er mør med en liten tygging, ca. 30 minutter.

c) I mellomtiden kaster du sopp, zucchini og paprika med 2 ss (30 ml) olje, salt og pepper. Fordel i et enkelt lag på en bakeplate. Stek til de er møre og lett brune, ca. 20 minutter, og snu halvveis.

d) Visp sammen balsamicoeddik og honning i en liten bolle; sette til side. Varm opp den resterende 1 ss (15 ml) oljen i en stor stekepanne over middels høy varme. Tilsett hvitløk og stek under konstant omrøring til dufter, ca 30 sekunder. Hell i balsamico- og honningblandingen, tilsett rekene og rør til belegget. Kok, vend av og til, til den er ugjennomsiktig og gjennomkokt, 3 til 5 minutter.

e) For å servere, del farroen mellom boller. Topp med ristede grønnsaker, reker og mikrogrønt, og drypp deretter med avokadosaus.

30. Freekeh boller med karamellisert løk, varme tomater og stekt fisk

Serverer 4
INGREDIENSER
- 1 kopp (165 g) sprukket freekeh
- 2½ kopper (590 ml) vann
- Kosher salt og nykvernet sort pepper
- 2½ spiseskjeer (37 ml) avokado eller ekstra virgin olivenolje, delt
- 1 middels rødløk, i tynne skiver
- 1 halvliter (300 g) druetomater, halvert
- 2 fedd hvitløk, finhakket
- ⅓ kopp (5 g) hakket fersk koriander
- ½ ts malt koriander
- 4 (4 til 6 unse, 115 til 168 g) skinnfrie hvite fiskefileter, som flyndre, tilapia eller stripet bass
- ½ lite hode radicchio, finstrimlet
- 2 avokadoer, skrellet, uthulet og kuttet i terninger
- 1 oppskrift Sitron Tahinisaus
- Dukkah

BRUKSANVISNING

a) Kombiner freekeh, vann og en sjenerøs klype salt i en middels kjele. Kok opp, reduser deretter varmen til lav og la det småkoke i 15 minutter, rør av og til, til all væsken er absorbert og freekeh er mør. Fjern fra varmen, dekk til med et lokk og damp i ca 5 minutter.

b) I mellomtiden, varm 1½ ss (23 ml) av oljen i en stor stekepanne over middels varme. Tilsett løken og stek, rør av og til, til den er myk, ca 8 minutter. Rør inn tomater og hvitløk, og smak til med en klype salt og pepper. Kok, rør av og til, til tomatene mykner og popper, ca. 10 minutter. Fjern gryten fra varmen og rør inn koriander.

c) Varm opp den resterende 1 ss (15 ml) oljen i en bred panne over middels høy varme til den skinner. Tørk fisken helt med tørkepapir og krydre på begge sider med koriander, salt og pepper. Legg fisken i pannen og stek i 2 til 3 minutter på hver side.

d) For å servere deler du freekeh og radicchio mellom boller. Topp med en fiskefilet, karamellisert løk og tomater og avokado. Drypp med sitrontahinisaus og dryss over dukkah.

31. Supermat lakseboller

Serverer 4
INGREDIENSER
- 1 stor søtpotet, skrelt og skåret i ½-tommers (1,3 cm) tykke runder
- 1 ss (15 ml) avokado eller ekstra virgin olivenolje, pluss mer til laksen
- Kosher salt og nykvernet sort pepper
- 4 (4 til 6 unse, 115 til 168 g) laksefileter
- 1 kopp (175 g) quinoa, skylt
- 2 kopper (470 ml) vann
- 2 pakkede kopper (140 g) finstrimlet
- Toskansk grønnkål
- 2 ts (10 ml) eplecidereddik
- 2 store rødbeter, skrellet og strimlet
- 2 avokadoer, skrellet, uthulet og skåret i tynne skiver
- 1 kopp (50 g) solsikkespirer
- Ristede valnøtter
- 1 oppskrift Sitron Tahinisaus

BRUKSANVISNING

a) Forvarm ovnen til 425 °F (220 °C, eller gassmerke 7).

b) Kast søtpotetrundene med olje, salt og pepper. Plasser i et enkelt lag på den ene siden av en bakeplate, og stek i 10 minutter. Ta bakeplaten ut av ovnen og vend potetene. Legg laksen på bakepapiret med skinnet ned, pensle lett med olje og smak til med salt og pepper. Stek til laksen er gjennomstekt og lett flaker seg, 8 til 12 minutter avhengig av tykkelse.

c) I mellomtiden kombinerer du quinoa, vann og en sjenerøs klype salt i en middels kjele. Kok opp, dekk deretter til, reduser varmen til lavt og la det småkoke til det er mørt, ca 15 minutter. Ta av varmen, rør inn grønnkål og eplecidereddik, og dekk til med lokk for å dampe i ca 5 minutter.

d) For å servere deler du quinoa og grønnkål mellom boller. Topp med laks, søtpoteter, rødbeter, avokado, spirer og valnøtter.

e) Drypp med sitrontahinisaus.

32. Brune risboller med stekt fisk og chimichurri

Serverer 4

INGREDIENSER
- 1 kopp (165 g) brun ris
- 2 kopper (470 ml) vann
- Kosher salt og nykvernet sort pepper
- 225 g babygulrøtter, halvert
- 2 ss (30 ml) avokado eller extra virgin olivenolje, delt
- ½ ts malt koriander
- 4 (4 til 6 unse, 115 til 168 g) skinnfrie hvite fiskefileter, som flyndre, tilapia eller stripet bass
- 1 liten gjeng brønnkarse, trimmet
- 1 kopp (120 g) avskallet edamame
- 1 oppskrift Chimichurri-saus
- Skivede mandler

BRUKSANVISNING
a) Forvarm ovnen til 400 °F (200 °C, eller gassmerke 6).
b) Tilsett ris, vann og en sjenerøs klype salt i en middels kjele og kok opp. Reduser varmen til lav, dekk til og kok til risen er mør, ca 40 minutter. Ta av varmen, og damp risen med lokk på i 10 minutter.
c) Kast gulrøttene med 1 ss (15 ml) olje, koriander, salt og pepper. Fordel i et enkelt lag på en bakeplate og stek til de er møre, ca 15 minutter.
d) I mellomtiden, varm opp den resterende 1 ss (15 ml) oljen i en bred panne over middels høy varme til den skinner. Tørk fisken helt tørr med tørkepapir og krydre på begge sider med salt og pepper. Legg fisken i pannen og stek i 2 til 3 minutter på hver side.
e) For å servere deler du ris og brønnkarse mellom boller. Topp med fisk, ristede gulrøtter og edamame. Drypp med Chimichurri-saus og dryss over skivede mandler.

33. Ingefær peanøtt Soba nudelskåler

Serverer 4

INGREDIENSER
- 3 kopper (705 ml) kyllingkraft
- 2 ss (12 g) hakket fersk ingefær
- 225 g bokhvete soba nudler
- ¼ kopp (65 g) glatt peanøttsmør
- 3 ss (45 ml) avokado eller extra virgin olivenolje, delt
- 2 benfrie, skinnfrie kyllingbryst, banket til 1,3 cm tykke
- Kosher salt og nykvernet sort pepper
- 4 unser (115 g) shiitake-sopp, i skiver
- 2 fedd hvitløk, finhakket
- 4 hoder baby bok choy, trimmet og halvert på langs
- ¼ ts rød pepperflak
- ½ kopp (55 g) revet gulrot
- sesamfrø

BRUKSANVISNING

a) Kombiner kraften og ingefæren i en middels gryte og la det småkoke på lav varme i 15 minutter. Tilsett soba-nudlene og kok etter anvisningen på pakken. Tøm nudlene og behold kraften. Rør peanøttsmøret inn i den resterende kraften til den er godt kombinert; sette til side.

b) I mellomtiden, varm 1 ss (15 ml) av oljen i en stor panne over middels høy varme. Krydre kyllingen sjenerøst med salt og pepper på begge sider. Tilsett kyllingen i pannen og stek uforstyrret til bunnen er godt brun, ca 5 minutter. Vend kyllingen. Brun den andre siden til den er godt brun og gjennomstekt, ytterligere 4 til 5 minutter. Overfør kyllingen til et skjærebrett og sett til side.

c) Tilsett en annen spiseskje (15 ml) olje i gryten, sammen med sopp, salt og pepper. Kok, rør av og til, til de er myke. Rør inn hvitløken og stek videre i 2 minutter. Ha soppen over på en tallerken.

d) Tilsett den resterende 1 ss (15 ml) oljen i pannen sammen med bok choy, salt og rød pepperflak, og rør for å belegge. Kok, rør av og til, til den er visnet.

e) Skjær kyllingen i strimler. For å servere, del soba-nudlene mellom boller og topp med kylling, sopp, bok choy og gulrøtter. Hell den reserverte peanøttsausen over toppen og dryss med sesamfrø.

34. Grønn karri kylling og quinoa boller

35. Quinoa og kylling tacoboller med koriander-limedressing

Serverer 4

INGREDIENSER
- ¼ kopp (60 ml) avokado eller ekstra virgin olivenolje
- ¼ kopp (60 ml) ferskpresset limejuice
- 2 spiseskjeer (30 ml) riseddik
- 3 spiseskjeer (3 g) finhakket koriander
- ½ ts malt spisskummen
- Kosher salt og nykvernet sort pepper
- ¾ kopp (130 g) ukokt tricolor quinoa, skylt
- 1½ kopper (355 ml) vann
- 1 pund (455 g) benfritt, skinnfritt kyllingbryst
- 2 kopper (140 g) finstrimlet rødkål
- 1 kopp (200 g) svarte bønner, drenert og skylt
- 1 rød eller gul paprika, uten kjernehus og i tynne skiver
- 1 kopp (150 g) druetomater, halvert
- 1 avokado, skrellet, uthulet og kuttet i terninger
- ½ middels jalapeño, frøet og skåret i skiver (valgfritt)

BRUKSANVISNING

a) Visp sammen olje, limejuice, eddik, koriander, spisskummen, salt og pepper i en liten bolle til emulgert. Sette til side.

b) Kombiner quinoa, vann og en sjenerøs klype salt i en middels kjele. Kok opp, dekk deretter til, reduser varmen til lavt og la det småkoke til det er mørt, ca 15 minutter. Ta av varmen, og damp med lokk på i ca 5 minutter.

c) I mellomtiden legger du kyllingen i et enkelt lag i en stor kjele. Tilsett kaldt vann for å dekke kyllingen med omtrent en tomme (2,5 cm). Kok opp vannet på middels høy varme. Reduser varmen til lav og la det småkoke til kyllingen er gjennomstekt, 10 til 14 minutter, avhengig av tykkelse. Overfør kyllingen til et skjærebrett eller en stor tallerken og riv den med to gafler.

d) For å servere deler du quinoaen mellom boller. Topp med strimlet kylling, kål, svarte bønner, paprika, tomater, avokado og jalapeño (hvis du bruker). Drypp med koriander-limedressing.

Matlagingstips! En av grunnene til at jeg elsker posjering er fordi det er utrolig enkelt å tilføre kyllingen så mye smak. Korianderstilker, spisskummen, et par fedd knust hvitløk, til og med et skall med appelsinskall fungerer fint her.

36. Dukkah-skåler med kylling og bygg

Serverer 4

INGREDIENSER
- ¾ kopp (125 g) perlebygg
- 2¼ kopper (530 ml) vann
- Kosher salt og nykvernet sort pepper
- 3 mellomstore fennikelløker, trimmet og kuttet i store biter
- 2 ss (30 ml) avokado eller extra virgin olivenolje, delt, pluss mer til kyllingen
- ¼ kopp (24 g) dukkah
- 1 pund (455 g) benfritt, skinnfritt kyllingbryst
- 2 pakkede kopper (40 g) ruccola
- 1 rosa grapefrukt, skrelt og segmentert
- 2 avokado, skrellet, uthulet og kuttet i terninger
- 1 oppskrift Sitron Tahinisaus
- Fennikelblader, til pynt

BRUKSANVISNING

a) Forvarm ovnen til 400 °F (200 °C, eller gassmerke 6).

b) Kombiner bygg, vann og en sjenerøs klype salt i en middels kjele. Kok opp, dekk til, reduser varmen til lavt og la det småkoke til det er mørt, 30 til 40 minutter.

c) Kast fennikelen med 1 ss (15 ml) olje, salt og pepper. Plasser i et enkelt lag på den ene siden av en bakeplate. Stek i 15 minutter, mens du forbereder kyllingen.

d) I mellomtiden legger du dukkaen i en grunn bolle eller på en tallerken. Pensle kyllingen lett med olje og strøk med dukkah på alle sider. Varm opp den resterende 1 ss (15 ml) oljen i en stor stekepanne over middels høy varme. Tilsett kyllingen og stek til dukkah er lett brunet, 3 til 4 minutter per side. Ta bakeplaten ut av ovnen, rør i fennikelen og legg kyllingen på den andre siden. Fortsett å steke til kyllingen er gjennomstekt, 6 til 10 minutter lenger, avhengig av tykkelse. La kyllingen hvile i noen minutter, og skjær deretter opp.

e) For å servere deler du bygg og ruccola mellom boller. Topp med oppskåret kylling, fennikel, grapefruktsegmenter og avokado. Drypp med sitrontahinisaus og pynt med fennikelblader og et ekstra dryss dukkah.

Flere måter å bruke Dukkah på

Dukkah er bemerkelsesverdig allsidig. Utover kylling kan den brukes til å belegge alt fra annet kjøtt til fisk, tofu og tempeh. Dryss det over en panne med stekte grønnsaker eller bland det inn i grønnsaker som er sautert på komfyren.

37. Harissa kyllingboller

Serverer 4

INGREDIENSER
- 1 pund (455 g) benfritt, skinnfritt kyllingbryst, kuttet i 1-tommers
- (2,5 cm) terninger
- 1 ts (2 g) malt spisskummen
- 1 teskje (2 g) malt koriander
- ½ ts malt kardemomme
- Kosher salt og nykvernet sort pepper
- 2 middels zucchini, skåret i ½-tommers (1,3 cm) tykke runder
- 3 spiseskjeer (45 ml) avokado eller ekstra virgin olivenolje, delt
- ¾ kopp (125 g) sprukket freekeh
- 2 kopper (470 ml) vann
- 1 spiseskje (6 g) pluss 1 teskje
- (2 g) harissa, delt
- 2 kopper (300 g) cherrytomater
- ½ kopp (120 ml) kyllingkraft
- 2 kopper (140 g) hakket mangold 1 middels fennikel, trimmet og i tynne skiver
- 1½ kopper (300 g) eller 1 (15 unse, eller 420 g) boks kikerter, drenert og skylt
- 1 oppskrift Kremet myntefetasaus

BRUKSANVISNING

a) Forvarm ovnen til 400 °F (200 °C, eller gassmerke 6).

b) 2 Legg kyllingen i en stor bolle sammen med spisskummen, koriander, kardemomme, salt og pepper. Rør til kyllingen er godt dekket; sett til side mens du forbereder grønnsakene og freekeh.

c) Kast zucchinien med 1 ss (15 ml) av oljen, salt og pepper. Fordel i et enkelt lag på en bakeplate. Stek i 20 minutter, snu halvveis.

d) I mellomtiden kombinerer du freekeh, vann og en sjenerøs klype salt i en middels kjele. Kok opp, reduser deretter varmen til lav, dekk til og la det småkoke i 15 minutter, rør av og til, til all væsken er absorbert og freekeh er mør. Fjern fra varmen og rør inn 1 ss (15 ml) olje og 1 ts (2 g) av harissaen.

e) Varm opp den resterende 1 ss (15 ml) oljen i en stor stekepanne over høy varme til den er veldig varm, men ikke røyk. Tilsett kyllingen og stek på alle sider, 1 til 2 minutter per side. Rør inn tomatene og stek til de begynner å poppe, ca. 2 minutter. Tilsett de resterende 1 ss (6 g) harissa og kyllingkraft, og rør for å kombinere. Kok opp, reduser deretter varmen til lav og la det småkoke i 3 minutter.

f) For å servere deler du freekeh og mangold mellom boller. Topp med kylling og tomater, stekt zucchini, fennikel og kikerter.

g) Drypp med kremet myntefetasaus.

38. Varme høstkylling- og villrisboller

Serverer 4

INGREDIENSER
- ¾ kopp (125 g) villris, skylt
- 3 kopper (705 ml) vann
- Kosher salt og nykvernet sort pepper
- 2 små delikate squash
- 1 pund (455 g) rosenkål,
- halvert
- 2 ss (30 ml) avokado eller ekstra virgin olivenolje
- 1 pund (455 g) beinfri, skinnfri kyllingbryst
- 2-tommers (5 cm) bit ingefær, i tynne skiver
- 2 kopper (40 g) ruccola
- 1 oppskrift Spicy Maple Tahini Saus
- Ristede gresskarkjerner
- Granateple arils

BRUKSANVISNING

a) Forvarm ovnen til 425 °F (220 °C, eller gassmerke 7).

b) Kombiner ris, vann og en sjenerøs klype salt i en middels kjele. Kok opp. Senk varmen for å opprettholde en jevn koking, dekk til og kok til kornene er møre og noen har sprengt seg opp, 45 til 50 minutter. Tøm overflødig væske om nødvendig. I mellomtiden forbereder du de stekte grønnsakene og kyllingen.

c) Del squashen i to på langs. Øs ut frøene. Skjær på tvers i ½-tommers (1,3 cm) tykke halvmåner. Kast squash og rosenkål med oljen, og smak til med salt og pepper. Legg i et enkelt lag på en bakeplate. Stek til de er møre, 20 til 25 minutter, rør rosenkålen og vend squashen halvveis.

d) I mellomtiden legger du kyllingen og ingefæren i en stor kjele i et enkelt lag, og dekk til med kaldt vann med 5 cm (2 tommer). Kok opp, reduser deretter varmen til lav og la det småkoke til kyllingen er gjennomstekt, 10 til 12 minutter, avhengig av tykkelse. Overfør kyllingen til et skjærebrett eller en stor tallerken og bruk to gafler til å strimle kjøttet.

e) For å servere deler du risen mellom boller. Topp med strimlet kylling, squash, rosenkål og ruccola. Drypp med krydret lønnetahinisaus og pynt med gresskarkjerner og granateple.

39. BBQ Chicken Quinoa boller

Serverer 4

INGREDIENSER

- 3 mellomstore søtpoteter, skrelt og skåret i ½-tommers (1,3 cm) tykke runder
- 1 ss (15 ml) avokado eller ekstra virgin olivenolje
- Kosher salt og nykvernet sort pepper
- 1 pund (455 g) beinfri, skinnfri kyllingbryst
- ½ kopp (120 ml) BBQ-saus, mer etter behov
- ¾ kopp (130 g) quinoa, skylt
- 1½ kopper (355 ml) vann
- 2 pakkede kopper (60 g) babyspinat
- 2 avokadoer, skrellet, uthulet og kuttet i terninger
- Rødkål surkål
- ½ kopp (120 ml) Yoghurt Ranch-saus

BRUKSANVISNING

a) Forvarm ovnen til 425 °F (220 °C, eller gassmerke 7).

b) Kast søtpotetskivene med oljen og smak til med salt og pepper. Legg i et enkelt lag på en bakeplate. Stek i 20 minutter, vend potetene halvveis.

c) Legg kyllingen i en stor kjele i et enkelt lag og dekk til med ca 5 cm med kaldt vann. Kok opp, reduser deretter varmen til lav og la det småkoke til kyllingen er gjennomstekt, 10 til 14 minutter, avhengig av tykkelse.

d) Overfør kyllingen til et skjærebrett eller en stor tallerken og bruk to gafler til å strimle kjøttet. Kast vannet og skyll kjelen. Ha kjøttet tilbake i pannen med BBQ-sausen og rør sammen.

e) Kombiner quinoa, vann og en sjenerøs klype salt i en middels kjele. Kok opp, dekk deretter til, reduser varmen til lavt og la det småkoke til det er mørt, ca 15 minutter. Ta av varmen, og damp med lokk på i ca 5 minutter.

f) For å servere deler du quinoa og spinat mellom boller. Topp med søtpoteter, strimlet kylling, avokado og surkål, og drypp deretter med Yoghurt Ranch Sauce.

40. Chimichurri kyllingboller

Serverer 4

INGREDIENSER
- 4 benfrie, skinnfrie kyllinglår (ca. 1 pund eller 455 g)
- 1 oppskrift Chimichurri-saus (side 19)
- 1 kopp (165 g) brun ris
- 2 kopper (470 ml) vann
- Kosher salt og nykvernet sort pepper
- 8 piquillo paprika
- 1 ss (15 ml) avokado eller ekstra virgin olivenolje
- 1½ kopper (105 g) finstrimlet rødkål
- 2 avokadoer, skrellet, uthulet og skåret i tynne skiver
- Ristede gresskarkjerner

BRUKSANVISNING
a) Forvarm ovnen til 425 °F (220 °C, eller gassmerke 7).
b) Tilsett kyllingen i en stor bolle sammen med 2 ss (30 ml) Chimichurri-saus. Kast så kyllingen er jevnt dekket. Dekk til og mariner i kjøleskapet i minst 1 time.
c) Tilsett ris, vann og en sjenerøs klype salt i en middels kjele, og kok opp. Reduser varmen til lav, dekk til og kok til risen er mør, ca 40 minutter. Ta av varmen, og damp risen med lokk på i 10 minutter.
d) Kast paprikaene med olje, salt og pepper, og fordel i et jevnt lag på den ene siden av en bakeplate. Fjern kyllinglårene fra marinaden og legg på den andre siden av stekeplaten. Stek i 10 minutter, og vend deretter paprikaene. Fortsett å steke til kyllingen er gjennomstekt og paprikaen er lett brunet, 10 til 15 minutter lenger.
e) For å servere deler du risen mellom boller. Topp med kylling, stekt paprika, rødkål og avokado. Hell den resterende Chimichurri-sausen over toppen og dryss med ristede gresskarkjerner.

41. Peachy Basilikum Kylling- og Risboller

Serverer 4

INGREDIENSER
- 1 kopp (165 g) jasminris, skylt
- 2 kopper (470 ml) vann
- Kosher salt og nykvernet sort pepper
- 1 pund (455 g) benfritt, skinnfritt kyllingbryst, kuttet i 3,8 cm (1½-tommers) terninger
- 2 ss (16 g) universalmel
- 2 ss (30 ml) avokado eller extra virgin olivenolje, delt
- 1 ss (14 g) ghee eller usaltet smør
- ¼ kopp (12 g) hakket fersk basilikum
- 1 fersken, pitlet og i tynne skiver
- 6 pakkede kopper (180 g) babyspinat
- 2 fedd hvitløk, finhakket
- ½ middels engelsk agurk, i skiver
- 1 liten fennikelløk, trimmet og skåret i tynne skiver
- 1 oppskrift Basilikum geitost saus,

BRUKSANVISNING

a) Tilsett ris, vann og en sjenerøs klype salt i en middels kjele, og kok opp. Reduser varmen, dekk til og kok til risen er mør, ca 15 minutter. Ta av varmen, og damp risen med lokk på i 10 minutter.

b) Tørk kyllingen med tørkepapir. Ha i en stor bolle med mel, salt og pepper, og bland for å dekke kyllingen jevnt. Varm 1 ss (15 ml) av oljen i en stor, bred stekepanne over høy varme til den er veldig varm, men ikke røyker ennå. Legg kyllingen i pannen i et enkelt lag og stek, snu av og til, til den er gyldenbrun på alle sider, ca. 5 minutter totalt. Tilsett ghee, basilikum og fersken i skiver i pannen og stek i 1 minutt lenger, rør for å belegge kyllingen.

c) I mellomtiden, i en separat panne, varm opp den resterende 1 ss (15 ml) oljen over middels varme. Tilsett spinat, hvitløk og en klype salt. Kok, vend regelmessig, til visnet, 2 til 3 minutter.

d) For å servere deler du risen mellom boller. Topp med kylling og fersken, spinat, agurk og fennikel, og drypp deretter med basilikum geitostsaus.

42. Krydret thailandsk kylling og brunrisboller

Serverer 4
INGREDIENSER
- 1 kopp (165 g) brun ris
- 2 kopper (470 ml) vann
- Kosher salt og nykvernet sort pepper
- 2 ss (28 g) kokosolje, delt
- 1 rød paprika, kjernehuset og i tynne skiver
- 1 pund (455 g) malt kylling
- 2 fedd hvitløk, finhakket
- ½ ts kajennepepper
- 2 løkløk, i tynne skiver, delt
- ¾ kopp (180 ml) Karried peanøttsaus delt
- 2 kopper (140 g) finstrimlet rødkål
- 1 kopp (110 g) revet gulrot
- Hakkede friske thailandske basilikumblader
- Hakkede peanøtter

BRUKSANVISNING

a) Tilsett ris, vann og en sjenerøs klype salt i en middels kjele, og kok opp. Reduser varmen til lav, dekk til og kok til risen er mør, ca 40 minutter. Ta av varmen, og damp risen med lokk på i 10 minutter.

b) Varm 1 ss (14 g) av kokosolje i en stor panne over middels høy varme. Tilsett paprikaen, smak til med en klype salt og pepper, og kok, rør av og til, til den er så vidt myk, ca. 4 minutter. Overfør til en tallerken.

c) Varm opp den resterende 1 ss (14 g) kokosolje i pannen. Tilsett kylling, hvitløk og cayenne, smak til med salt og pepper, og stek, del opp kjøttet med en tresleiv, til det er brunet og gjennomstekt, 6 til 8 minutter. Rør inn halvparten av løkløken og 2 ss (30 ml) av curried peanøttsausen, og stek i 1 minutt lenger.

d) For å servere deler du kål og gulrøtter mellom boller. Topp med brun ris, malt kylling, paprika og fersk basilikum. Drypp med den resterende curried-peanøttsausen og dryss over de resterende løkløkene og peanøttene.

43. Raske kylling og søtpotet Pho boller

Serverer 4

INGREDIENSER
- 1 middels løk, hakket
- 2-tommers (5 cm) bit fersk ingefær, skrellet og halvert
- 1 ss (15 ml) avokado eller ekstra virgin olivenolje
- 4 unser (115 g) shiitake-sopp, i tynne skiver
- 4 kyllingkoteletter
- 4 kopper (940 ml) kyllingbuljong
- 2 ss (30 ml) fiskesaus
- 1 kanelstang
- 2 stjerneanis
- 3 hele nellik
- Kosher salt og nykvernet sort pepper
- 16 unser (455 g) søtpotetnudler
- 1 kopp (75 g) snapserter, halvert
- 4 reddiker, i tynne skiver
- 2 løkløk, i tynne skiver
- Bønnespirer
- Skiver jalapeño
- Koriander
- Limekiler

BRUKSANVISNING

a) Plasser en ovnsrist omtrent 15 cm under broileren, og sett ovnen til å steke. Legg løken og ingefæren på et bakepapir med rander og stek til det er lett forkullet, ca. 5 minutter.

b) Varm oljen i en panne på middels høy varme. Stek soppene til de er møre og lett svidd, ca. 5 minutter; sette til side.

c) Tilsett løk, ingefær, kylling, buljong, fiskesaus, kanel, stjerneanis og nellik i en stor kjele. Kok opp, reduser deretter varmen og la det småkoke til kyllingen er gjennomstekt, ca 8 minutter. Overfør kyllingen til et skjærebrett, avkjøl litt og skjær i skiver.

d) Fjern ingefær, kanel, stjerneanis og nellik fra kasserollen. Sett tilbake til varmen, og smak til buljongen med salt og pepper. Tilsett søtpotetnudlene og kok til de er akkurat møre, ca 3 minutter.

e) For å servere, del nudlene mellom boller. Topp med oppskåret kylling, sopp, snapserter, reddik, løk, bønnespirer, jalapeño og koriander. Hell buljongen over toppen og pynt med en limekive.

44. Kylling Kofta boller

Serverer 4

INGREDIENSER
- 1 liten haug rødbeter, grønt separert
- 2 spiseskjeer (30 ml) avokado eller ekstra virgin olivenolje, delt
- Kosher salt og nykvernet sort pepper
- 1 pund (455 g) malt kylling
- ½ kopp (24 g) finhakket fersk persille
- ¼ kopp (12 g) finhakket fersk mynte
- ¼ kopp (40 g) finhakket rødløk
- 3 fedd hvitløk, finhakket, delt
- 1 ts (2 g) malt spisskummen
- 1 ts (2 g) malt koriander
- ¾ kopp (125 g) bulgur
- 1½ kopper (355 ml) vann
- 1 ts (5 ml) eplecidereddik
- 1 oppskrift Harissa Yoghurtsaus
- (side 27)
- Ristede pinjekjerner

BRUKSANVISNING
a) Forvarm ovnen til 425 °F (220 °C, eller gassmerke 7).
b) Hakk grønnsakene og stilkene (4 til 6 kopper, eller 280 til 420 g totalt) og sett til side, skrell og skjær rødbeten i 2,5 cm store terninger. Kast med 1 ss (15 ml) av oljen, smak til med salt og pepper, og legg i et enkelt lag på et bakepapir med rander. Stek til de er møre, ca 30 minutter, mens du rører halvveis.
c) I mellomtiden kombinerer du kylling, urter, løk, 2 fedd hvitløk, spisskummen, koriander, ½ ts salt og ¼ ts nykvernet pepper i en stor bolle. Bland til en jevn blanding. Ta ut omtrent 2 ss (30 g) av blandingen og rull mellom håndflatene dine til en 2- til 3-tommers (5 til 7,5 cm) oval med avsmalnende ender. Plasser omtrent 2,5 cm fra hverandre på en bakepapirkledd bakeplate. Stek til kjøttbollene er gjennomstekt, ca 15 minutter.

d) Kombiner bulgur, vann og en sjenerøs klype salt i en middels kjele. Kok opp, dekk til, reduser varmen til lav og la det småkoke til det er mørt, 10 til 15 minutter.

e) Ingredienstips | Hvis du har vanskelig for å finne rødbeter med greenene fortsatt festet, ikke bekymre deg. Bare bytt inn en annen type mørkegrønt, som kålrot, sennepsgrønt, grønnkål eller grønnkål.

f) I mellomtiden, varm opp den resterende 1 ss (15 ml) oljen i en stor stekepanne over middels varme. Tilsett betegrønnsakene, resterende 1 fedd hvitløk og en klype salt og pepper. Kok, vend av og til, til den er visnet, ca 4 minutter. Ta av varmen og rør inn eplecidereddiken.

g) For å servere deler du bulguren mellom boller. Topp med kyllingkofta, stekt rødbeter og rødbeter. Drypp med Harissa-yoghurtsaus og dryss over pinjekjerner.

45. Urtekylling- og rotgrønnsaksboller

Serverer 4

INGREDIENSER
- ½ kopp (82 g) villris, skylt
- 3 kopper (705 ml) vann
- Kosher salt og nykvernet sort pepper
- ½ kopp (82 g) brun ris
- 1 stor søtpotet, skrelt og kuttet i ½-tommers (1,3 cm) tykke runder
- 4 ss (60 ml) avokado eller extra virgin olivenolje, delt
- 2 mellomstore gulrøtter, skrellet og kuttet i ½-tommers (1,3 cm) tykke skiver
- 2 mellomstore pastinakk, skrelt og kuttet i ½-tommers (1,3 cm) tykke skiver
- 2 ts (4 g) paprika
- 1 spiseskje (15 ml) eplecidereddik
- 2 fedd hvitløk, finhakket
- 1 ts tørket timian
- 1 ts tørket rosmarin
- ¼ ts rød pepperflak
- (valgfri)
- 4 beinfrie, skinnfrie kyllinglår
- (omtrent 1 pund eller 455 g)
- 2 mellomstore rødbeter, skrellet og strimlet
- 1 oppskrift Tangy Tahini saus (side 26)

BRUKSANVISNING

a) Forvarm ovnen til 425 °F (220 °C, eller gassmerke 7).

b) Kombiner villris, vann og en sjenerøs klype salt i en middels kjele. Kok opp. Senk varmen for å opprettholde en jevn koking, dekk til og kok i 10 minutter. Rør inn den brune risen og kok til kornene er møre og vannet er absorbert, 35 til 45 minutter lenger.

c) Kast søtpoteten med 1 ss (15 ml) olje, salt og pepper. Fordel i et enkelt lag på en bakeplate. Kast gulrøttene og pastinakkene med 1 ss (15 ml) olje, paprika, salt og pepper og fordel i et enkelt lag på den ene siden av en separat bakeplate.

d) Visp sammen de resterende 2 ss (30 ml) olje, eddik, hvitløk, timian, rosmarin, røde pepperflak (hvis du bruker), salt og pepper i en stor bolle. Tilsett kyllinglårene og bland til belegg. Legg på stekeplaten med gulrøtter og pastinakk. Stek begge pannene til kyllingen er gjennomstekt og grønnsakene er møre, 20 til 25 minutter.

e) For å servere deler du risen mellom boller. Topp med kylling, søtpotet, gulrøtter, pastinakk, strimlede rødbeter og Tangy Tahini-saus.

46. Røykfylt sitron rosenkålboller med kalkunkjøttboller

Serverer 4

INGREDIENSER
- ¾ kopp (125 g) villris, skylt
- 3 kopper (705 ml) vann
- Kosher salt og nykvernet sort pepper
- 1 pund (455 g) malt kalkun ¼ kopp (40 g) revet rødløk
- 3 fedd hvitløk, finhakket, delt
- 2 ss (6 g) finhakket fersk persille
- 6 unser (168 g) cremini-sopp, halvert
- 2 ss (30 ml) avokado eller extra virgin olivenolje, delt
- ¾ pund (340 g) rosenkål, trimmet og finstrimlet
- 1 ts (2 g) røkt paprika
- Skal og saft av ½ sitron
- 1 stor rødbete, skrelt og i tynne skiver
- 1 oppskrift Lett og kremet geit
- Ostesaus

BRUKSANVISNING

a) Forvarm ovnen til 425 °F (220 °C, eller gassmerke 7).

b) Kombiner ris, vann og en sjenerøs klype salt i en middels kjele. Kok opp. Senk varmen for å opprettholde en jevn koking, dekk til og kok til kornene er møre og noen har sprengt seg opp, 45 til 50 minutter. Tøm overflødig væske om nødvendig. I mellomtiden forbereder du de stekte grønnsakene og kalkunen.

c) Tilsett kalkun, løk, 2 fedd hvitløk, persille og ½ teskje salt i en stor bolle. Bland med hendene til ingrediensene er jevnt blandet. Ikke overarbeid kjøttet. Øs ut ca 1½ ss (23 g) av blandingen og rull til en ball mellom håndflatene. Plasser ca. 2,5 cm fra hverandre på den ene siden av en bakeplate med bakepapir.

d) Kast soppen med 1 ss (15 ml) olje, salt og pepper. Fordel på den andre siden av stekeplaten. Stek til kjøttbollene er gjennomstekt og soppen brunet, ca 15 minutter.

e) Varm opp den resterende 1 ss (15 ml) oljen i en stor stekepanne over middels varme. Tilsett rosenkål, resterende 1 fedd hvitløk, paprika, sitronskall, salt og pepper. Rør for å dekke med oljen, og kok til rosenkålen er sprø og møre, ca. 5 minutter. Ta av varmen og rør inn sitronsaften.

f) For å servere, del villrisen mellom boller. Topp med kjøttboller, sopp, rosenkål og rødbeter. Drypp med lett og kremet geitostsaus.

47. Stekeboller med kalkun og kål med mandelsaus

Serverer 4

INGREDIENSER
- ½ kopp (130 g) kremet mandelsmør
- ¼ kopp (60 ml) pluss 1 spiseskje
- (15 ml) kokosnøttaminosyrer, delt
- Saft fra ½ lime
- ¼ ts rød pepperflak
- Kosher salt og nykvernet pepper
- 6 unser (168 g) tørkede risnudler
- 2 haugerbrokkolini
- 3 spiseskjeer (42 g) kokosolje, delt
- 1 pund (455 g) malt kalkun
- 3 fedd hvitløk, finhakket, delt
- 2 ss (12 g) hakket fersk ingefær
- 6 kopper (420 g) revet rødkål
- 2 mellomstore zucchini, i skiver
- sesamfrø

BRUKSANVISNING

a) Forvarm ovnen til 400 °F (200 °C, eller gassmerke 6).

b) Tilsett mandelsmør, ¼ kopp (60 ml) kokosnøttaminosyrer, limejuice, røde pepperflak, salt og pepper i en liten bolle. Rør godt til det er blandet.

c) Kok risnudlene etter anvisningen på pakken. Tøm, skyll godt og sett til side.

d) Kast brokkolinien med 1 ss (14 g) kokosolje og smak til med salt og pepper. Legg i et enkelt lag på en bakeplate. Stek i 20 minutter, rør en gang halvveis.

e) Varm 1 ss (14 g) kokosolje i en stor panne over middels høy varme. Tilsett kalkunen og smak til med salt og pepper. Stek, bryt opp kjøttet med en tresleiv, til det begynner å bli brunt. Tilsett 2 fedd hvitløk og ingefær, og fortsett å steke til kjøttet er brunet og gjennomstekt. Rør inn 2 ss (30 ml) av mandelsmørsausen.

f) Varm opp den resterende 1 ss (14 g) kokosolje i en separat panne. Tilsett kålen og de resterende 1 fedd hvitløk, smak til med salt og pepper, og kok, rør av og til, til den er myk, 3 til 5 minutter. Rør inn de resterende 1 ss (15 ml) kokosnøttaminoene og kok til den er redusert.

g) For å servere deler du risnudlene mellom boller. Topp med kalkun, kål, brokkolini og zucchini. Drypp med den resterende mandelsmørsausen og dryss over sesamfrø.

48. **Biff Fajita Spaghetti Squash boller**

Serverer 4

INGREDIENSER
- 1 middels spaghetti squash (ca
- 4 pund, eller 1820 g)
- 1 pund (455 g) flankestek
- ½ ts malt spisskummen ½ ts søt paprika
- Kosher salt og nykvernet sort pepper
- 2 spiseskjeer (30 ml) avokado eller ekstra virgin olivenolje, delt
- 1 stor søt gul løk, i tynne skiver
- 2 paprika, kjernet ut og skåret i tynne skiver
- 2 kopper (140 g) revet rødkål
- 1½ kopper (225 g) druetomater, halvert
- 1½ kopper (300 g) eller 1 (15 unse, eller 420 g) boks svarte bønner, drenert og skylt gresk yoghurt
- ¾ kopp (180 ml) avokadosaus

1 Forvarm ovnen til 400 °F (200 °C, eller gassmerke 6).
2 Skjær squashen i to på langs, fra stilk til hale, og øs deretter ut og kast frøene. Legg squashen med kuttsiden ned i en ildfast form, og tilsett omtrent en tomme (2,5 cm) vann i bunnen. Stek til squashen er mør og trådene skilles lett, 40 til 50 minutter.
3 Bruk en gaffel til å trekke squashkjøttet i tråder og vekk fra skallet. Fordel mellom boller.
4 I mellomtiden, krydre biffen med spisskummen, paprika, salt og pepper på begge sider. Varm ½ spiseskje (7 ml) av oljen i encastiron-gryte over middels høy varme til den er veldig varm, men ikke røyk. Stek biffen i 5 minutter på hver side. Overfør til et skjærebrett.
5 Reduser varmen til middels og tilsett de resterende 1½spiseskjeer (23 ml) olje til pannen. Tilsett løk, paprika, salt og pepper, og kok, rør av og til, til den er myk og lett brunet rundt kantene, ca. 8 minutter.

6   Skjær biffen mot kornet i tynne skiver. Til servering legger du kålen i bollene med spaghetti-squashen. Topp med biff, løk og paprika, tomater, svarte bønner, gresk yoghurt og avokadosaus.

Summertime Green Goddess Steak Bowls

Når jeg har lyst på biff, som jeg gjør et poeng av å spise med måte bare en eller to ganger i måneden, plukker jeg opp flankebiff mer enn noe annet snitt. Det er et budsjettvennlig kjøttstykke, med akkurat nok fett til å gi det tonnevis av smak, uten å gi en tøff, seig bit. Og når det kommer til matlaging, trenger det ikke mye mer enn en god steking i en skrikende varm panne før den er klar til å toppes på denne bollen fylt med sommerfriske grønnsaker.

BRUKSANVISNING

a) Forvarm ovnen til 400 °F (200 °C, eller gassmerke 6).

b) Kombiner quinoa, vann og en sjenerøs klype salt i en middels kjele. Kok opp, reduser deretter varmen til en koking og kok uten lokk til de er møre, ca. 15 minutter. Fjern fra varmen, dekk til med et lokk og damp i ca 5 minutter.

c) I mellomtiden kaster du squash og zucchini med 1 ss (15 ml) olje, salt og pepper, og legg deretter i et enkelt lag på en bakeplate med kant. Stek til de er møre og lett brune, ca. 15 minutter, og snu en gang halvveis.

d) Varm opp den resterende 1 ss (15 ml) oljen i en støpejernsgryte over middels høy varme til den er veldig varm, men ikke røyk. Tørk biffen med et papirhåndkle, og krydre rikelig på begge sider med salt og pepper. Stek biffen i 5 minutter på hver side. Overfør til et skjærebrett.

e) Skjær biffen mot kornet i tynne skiver. For å servere, del ruccolaen mellom boller. Topp med stekt squash og zucchini, quinoa, biff, tomater og mais, og drypp med

49. **Avokado grønn gudinnedressing.**

Serverer 4

INGREDIENSER
- ¾ kopp (130 g) quinoa, skylt
- 1½ kopper (355 ml) vann
- Kosher salt og nykvernet sort pepper
- 1 middels gul squash, kuttet i ½-tommers (1,3 cm) tykke runder
- 1 middels zucchini, kuttet i ½-tommers (1,3 cm) tykke runder
- 2 spiseskjeer (30 ml) avokado eller ekstra virgin olivenolje, delt
- 1 pund (455 g) flankestek
- 2 pakkede kopper (40 g) ruccola
- 1½ kopper (225 g) cherrytomater, halvert
- 1 øre dampet mais, kjerner fjernet
- 1 oppskrift Avokado grønn gudinne
- Påkledning

50. Biff- og brokkoliboller

Serverer 4

INGREDIENSER
- 2½ spiseskjeer (37 ml) avokado eller ekstra virgin olivenolje, delt
- 1 pund (455 g) kjøttdeig
- Kosher salt og nykvernet sort pepper
- 1½ spiseskjeer (23 ml) kokosnøttaminosyrer, delt
- ¼ kopp (12 g) hakket thaibasilikum
- 16 unser (455 g) riset brokkoli
- 1 stor (eller 2 mellomstore)bok choy
- 2 fedd hvitløk, finhakket
- 1 kopp (40 g) strimlet radicchio
- 4 løkløk, i tynne skiver
- Kimchi
- Bønnespirer
- 1 oppskrift Miso-ingefærsaus
- sesamfrø

BRUKSANVISNING
a) Varm ½ spiseskje (7 ml) av oljen i en stor stekepanne over middels høy varme. Tilsett oksekjøttet, smak til med salt og pepper, og stek, del opp kjøttet med en tresleiv, til det er brunet og gjennomstekt, 6 til 8 minutter. Rør inn 1 ss (15 ml) av kokosnøttaminoene og kok i ett minutt lenger. Ta av varmen og rør inn basilikum.
b) Varm i mellomtiden 1 ss (15 ml) olje i en separat stekepanne over middels varme. Tilsett riset brokkoli, salt og pepper, og kok, rør av og til, til brokkolien er litt myk, 3 til 5 minutter. Fordel mellom boller.
c) Varm opp den gjenværende 1 ss (15 ml) oljen i den samme pannen, tilsett bok choyen og vend til belegget. Tilsett hvitløk og en klype salt, og sautér, rør av og til, til den akkurat visner. Rør inn de resterende ½ ss (7 ml) kokosnøttaminoene og kok 1 minutt lenger.

d) For å servere, tilsett bok choy og radicchio i bollene med brokkoli. Topp med biff, løk, kimchi og bønnespirer, drypp med miso-ingefærsaus og dryss over sesamfrø.

Ingredienstips! Riset brokkoli er ikke mer enn hakkede brokkolistilker som har blitt blendet i foodprosessoren og delt i små "korn" som ligner ris. Når du lager din egen (se hvordan på side 12), bruk noen minutter på å skrelle bort det tøffe ytre laget av stilken. Det gjør en stor forskjell, og etterlater deg med brokkoliris som er mør i stedet for seig og seig.

51. Biffboller i koreansk stil med squashnudler

Serverer 4

INGREDIENSER
- ¾ kopp (125 g) brun ris
- 2½ kopper (590 ml) vann, delt
- Kosher salt og nykvernet sort pepper
- 1 kopp (110 g) revet gulrot
- 1 kopp (235 ml) riseddik
- 2 spiseskjeer (30 ml) tamari
- 2 ts (12 g) honning
- 1 ts (5 ml) ristet sesamolje
- ¼ ts rød pepperflak
- 1 pund (455 g) kjøttdeig
- 2 løkløk, i tynne skiver
- 1 ss (15 ml) avokado eller ekstra virgin olivenolje
- 6 pakkede kopper (180 g) babyspinat
- 2 fedd hvitløk, finhakket
- 8 unser (225 g) zucchininudler
- Kimchi
- 1 oppskrift på miso-ingefærsaus (side 23)
- sesamfrø

BRUKSANVISNING

a) Tilsett risen, 1½ kopper (355 ml) av vannet og en sjenerøs klype salt i en middels kjele og kok opp. Reduser varmen til lav, dekk til og kok til risen er mør, ca 40 minutter. Ta av varmen og damp risen med lokk på i 10 minutter.

b) Legg de strimlede gulrøttene til en middels bolle. Kok opp eddik, resterende 1 kopp (235 ml) vann og 1 ts (6 g) salt i en middels kjele, rør for å løse opp saltet. Hell den varme væsken over gulrøttene; sette til side.

c) Visp sammen tamari, honning, sesamolje og rød pepperflak i en liten bolle; sette til side.

d) Varm en stor stekepanne over middels høy varme. Tilsett oksekjøttet, smak til med salt og pepper, og stek, del opp kjøttet med en tresleiv, til det er brunet og gjennomstekt, 6 til 8 minutter. Rør inn tamariblandingen og løk, og stek i 1 minutt lenger.

e) I mellomtiden, varm oljen i en egen stekepanne over middels varme. Tilsett spinat og hvitløk, og smak til med en klype salt og pepper. Kok, vend av og til, til akkurat visnet, 2 til 3 minutter.

f) Tøm væsken fra gulrøttene. For å servere deler du ris- og zucchininudlene mellom boller. Topp med biff, hvitløkspinat, syltede gulrøtter og kimchi. Drypp med miso-ingefærsaus og dryss over sesamfrø.

52. Miso nudelskåler med rørt biff

Serverer 4

INGREDIENSER
- 2 ss (30 ml) soyasaus
- 1 fedd hvitløk, finhakket
- 1 ts (2 g) finhakket fersk ingefær
- ½ ts ristet sesamolje
- ½ ts maisstivelse
- 12 unser (340 g) mørbradbiff
- Kosher salt og nykvernet pepper
- 225 g bokhvete soba nudler
- 3 kopper (210 g) finstrimlet toskansk grønnkål
- 1 oppskrift på Miso Tahini-saus (side 26)
- 1 spiseskje (15 ml) avokadoolje, mer etter behov
- 2 kopper (140 g) finstrimlet rødkål
- 1 kopp (110 g) revet gulrot
- sesamfrø
- røde pepper flak

BRUKSANVISNING

a) Rør sammen soyasaus, hvitløk, ingefær, sesamolje og maisstivelse i en grunn bolle eller beholder til maisstivelsen er oppløst. Skjær biffen på tvers, mot kornet, i ¼-tommers (6 mm) tykke strimler. Legg i bollen og rør for å belegge. Mariner i minst 10 minutter.

b) Kok opp en stor kjele med saltet vann. Tilsett soba-nudlene og kok etter anvisningen på pakken. I de siste 2 minuttene av matlagingen, tilsett grønnkålen og rør for å kombinere. Tøm nudlene og grønnkålen, og skyll godt med kaldt vann. Kast med 2 ss (30 ml) av Miso Tahini-sausen.

c) Varm avokadooljen i en stor stekepanne eller wok over høy varme til den er veldig varm, men den har ikke røyket ennå. Legg kjøttet i pannen i et enkelt lag, arbeid i partier om nødvendig. Stek uforstyrret til biffen begynner å bli brun, 1 til 2 minutter. Kast biffen og stek i ca 30 sekunder. Overfør til en tallerken og gjenta med resten av biffen.

d) For å servere deler du soba-nudlene og grønnkålen mellom boller. Topp med stekt biff, kål og gulrøtter. Drypp med Miso Tahini-saus og dryss over sesamfrø og røde pepperflak.

53. Ingefærbiffboller

Serverer 4
INGREDIENSER
- 2 ss (30 ml) soyasaus
- 1 ts (5 ml) sesamolje
- 1 fedd hvitløk, finhakket
- 1 ts (2 g) finhakket fersk ingefær
- 1 pund (455 g) flankestek
- 6 unser (168 g) vermicelli risnudler
- Kosher salt og nykvernet sort pepper
- 2 ss (30 ml) avokado eller extra virgin olivenolje, delt
- 4 hoder baby bok choy, trimmet
- 4 unser (115 g) shiitake-sopp, stilket og i tynne skiver
- 1 kopp (75 g) snøerter
- 1 vannmelon reddik, skrelt og i tynne skiver
- ¾ kopp (180 ml) peanøttsaus (side 24)
- sesamfrø

BRUKSANVISNING

a) Visp sammen soyasaus, sesamolje, hvitløk og ingefær i en grunne beholder. Tilsett biffen, og mariner i minst 30 minutter.

b) Kok risnudlene etter anvisningen på pakken. Tøm og sett til side.

c) Fjern biffen fra marinaden, og kast væsken. Krydre biffen med salt og pepper. Varm 1 ss (15 ml) av oljen i en støpejernsgryte over middels høy varme til den er veldig varm, men ikke rykende. Stek biffen i 5 minutter på hver side. Overfør til et skjærebrett.

d) Varm opp den resterende 1 ss (15 ml) oljen i samme panne på middels varme. Tilsett bok choy og sopp, smak til med en klype salt og kok til grønnsakene er så vidt visnet og soppen er myk, ca. 3 minutter.

e) Skjær biffen mot kornet i tynne skiver. For å servere, del risnudler, biff, bok choy og sopp, snøerter og reddik mellom boller. Drypp med peanøttsaus og dryss over sesamfrø.

54. Vinter chiliboller med biff, bønner og grønt

Serverer 4

INGREDIENSER
- ¾ kopp (130 g) tricolor quinoa, skylt
- 1½ kopper (355 ml) vann
- Kosher salt og nykvernet sort pepper
- ½ pund (228 g) kjøttdeig
- 1 (14 unse, eller 392 g) boks ildstekte tomater i terninger
- 1 kopp (200 g) kidneybønner, drenert og skylt
- 2 spiseskjeer (12 g) chilipulver
- 1 teskje (2 g) malt spisskummen
- ¼ ts kajennepepper
- 2 hopende kopper (140 g) hakket babygrønnkål
- 2 avokadoer, skrellet, uthulet og tynt
- oppskåret
- 4 reddiker, i tynne skiver
- 2 løkløk, i tynne skiver
- gresk yogurt

BRUKSANVISNING

a) Kombiner quinoa, vann og en sjenerøs klype salt i en middels kjele. Kok opp, dekk deretter til, reduser varmen til lavt og la det småkoke til det er mørt, ca 15 minutter. Ta av varmen, og damp med lokk på i ca 5 minutter.

b) Varm en stor stekepanne over middels høy varme. Tilsett oksekjøttet, smak til med salt og pepper, og stek, del opp kjøttet med en tresleiv, til det er brunet og gjennomstekt, 6 til 8 minutter. Tilsett tomater, kidneybønner, chilipulver, spisskummen og cayennepepper, og rør for å kombinere. Kok til sausen er litt tykkere, ca 5 minutter.

c) For å servere deler du grønnkålen mellom boller. Topp med quinoa, biff og bønner, avokado, reddiker, løk og gresk yoghurt.

55. **Greske Power Bowls**

Serverer 4
INGREDIENSER
- 1 kopp (165 g) bulgur
- 2 kopper (470 ml) vann
- Kosher salt og nykvernet sort pepper
- 1 ss (15 ml) avokado eller ekstra virgin olivenolje
- ½ middels rødløk, i terninger
- 1 fedd hvitløk, finhakket
- ½ pund (228 g) malt lam
- 1 ts (1 g) tørket oregano
- 1 ts (2 g) malt koriander
- ½ ts paprika
- 1 kopp (200 g) kikerter, drenert og skylt
- 3 kopper (165 g) hakket romaine eller blandet grønt
- ½ engelsk agurk, halvert og skåret i skiver
- 2 plommetomater, hakket
- ½ kopp (50 g) pitted kalamata oliven
- Hummus
- 1 oppskrift Kremet fetasaus

BRUKSANVISNING

a) Kombiner bulgur, vann og en klype salt i en middels kjele. Kok opp, reduser deretter varmen til lav, dekk til og la det småkoke til det er mørt og alt vannet er absorbert, 10 til 15 minutter.

b) Varm oljen i en middels stekepanne over middels varme. Tilsett løk og hvitløk og fres til det er mykt, ca 3 minutter. Tilsett lammet, smak til med salt og pepper, og stek kjøttet med en tresleiv til det er brunt og gjennomstekt, 6 til 8 minutter. Rør inn oregano, koriander, paprika og kikerter, og kok, rør av og til, til krydderne dufter og kikertene er gjennomvarme, ca. 3 minutter.

c) For å servere deler du bulguren mellom boller. Topp med lam- og kikertblandingen, salat, agurk, tomat, oliven, hummus og kremet fetasaus.

56. Fylte aubergineboller med krydret lam

Serverer 4

INGREDIENSER
- 2 små auberginer (ca 1 pund eller 455 g hver)
- 2 ss (30 ml) avokado eller extra virgin olivenolje, delt
- Kosher salt og nykvernet sort pepper
- 1 kopp (165 g) bulgur
- 2 kopper (470 ml) vann
- 3 pakkede kopper (90 g) babyspinat
- ¼ kopp (12 g) hakket fersk persille
- 1 ss (15 ml) ferskpresset sitronsaft
- 1¼ ts (3 g) malt spisskummen, delt
- ½ middels løk, i terninger
- 1½ pund (680 g) malt lam
- 1 ts (2 g) malt kanel
- ½ ts allehånde
- 1 ss (15 g) tomatpuré
- ½ kopp (120 ml) kyllingkraft
- 1 oppskrift Kremet fetasaus (side 20)
- Ristede pinjekjerner

BRUKSANVISNING

a) Forvarm ovnen til 400 °F (200 °C, eller gassmerke 6).

b) Skjær auberginen i to på langs, fra stilk til hale. Skjær kjøttet lett på hver halvdel, pensle deretter med 1 ss (15 ml) av oljen og dryss med salt og pepper. Legg på et bakepapir med skjærekant opp. Stek til det er mykt og mørt, 30 til 35 minutter.

c) I mellomtiden kombinerer du bulgur, vann og en sjenerøs klype salt i en middels kjele. Kok opp, dekk til, reduser varmen til lav og la det småkoke til det er mørt, 10 til 15 minutter. Ta av varmen og rør inn spinat, persille, sitronsaft og ¼ ts spisskummen.

d) Varm opp den resterende 1 ss (15 ml) oljen i en stor stekepanne over middels varme. Tilsett løken og stek, rør av og til, til den er myk, ca 3 minutter. Tilsett lammet, krydre med den resterende 1 ts (2 g) spisskummen, kanel, allehånde, salt og pepper, og stek, del opp kjøttet med en tresleiv, til det er brunet og gjennomstekt, 6 til 8 minutter. Tilsett tomatpure og rør til kjøttet er godt dekket. Rør inn kraften, og kok i 2 minutter lenger.

e) For å servere deler du bulgur og spinat mellom boller. Topp med aubergine og lam. Drypp med kremet fetasaus og dryss over pinjekjerner.

57. Lammekebabboller

Serverer 4

INGREDIENSER
- 4 ss (60 ml) avokado eller extra virgin olivenolje, delt
- 2 ss (12 g) hakket fersk persille
- 1 ss (6 g) hakket fersk oregano
- 1 spiseskje (15 ml) ferskpresset sitronsaft
- 2 fedd hvitløk, finhakket
- Kosher salt og nykvernet sort pepper
- 1 pund (455 g) beinfri lammelår, kuttet i 2,5 cm (1-tommers) terninger
- 1 middels rødløk, kuttet i store biter
- 2 middels zucchini, kuttet i ½-tommers
- (1,3 cm)-tykke runder
- ¾ kopp (130 g) quinoa, skylt
- 1½ kopper (355 ml) vann
- 1 liten gjeng brønnkarse
- 2 plommetomater, hakket
- 1 oppskrift Raita

BRUKSANVISNING

a) Visp sammen 2 ss (30 ml) av olje, persille, oregano, sitronsaft, hvitløk, ½ ts salt og ¼ ts pepper i en middels bolle. Tilsett lammet og rør til det er godt dekket. Dekk til og mariner i kjøleskapet i minst 1 time.

b) Forvarm ovnen til 400 °F (200 °C, eller gassmerke 6).

c) Kast løken og zucchinien med 1 ss (15 ml) olje og smak til med salt og pepper. Legg i et enkelt lag på en bakeplate. Stek til de er møre og lett brunet rundt kantene, ca. 20 minutter, mens du rører en gang halvveis.

d) Kombiner quinoa, vann og en sjenerøs klype salt i en middels kjele. Kok opp, dekk deretter til, reduser varmen til lavt og la det småkoke til det er mørt, ca 15 minutter. Ta av varmen, og damp med lokk på i ca 5 minutter.

e) I mellomtiden, varm opp den resterende 1 ss (15 ml) oljen i en stor stekepanne over høy varme til den er veldig varm, men den har ikke røyket ennå. Tilsett lammekjøttet uten å tømme pannen, arbeid i omganger om nødvendig. Stek til godt brunet, 1 til 2 minutter per side.

f) For å servere deler du quinoa og brønnkarse mellom boller. Topp med lam, stekt rødløk, stekt zucchini og tomater, og drypp med Raita.

58. Lammekjøttboller med søtpotetnudler

Serverer 4

INGREDIENSER
- 1 middels rødløk, i tynne skiver
- 1 kopp (235 ml) hvit eddik
- 1 kopp (235 ml) vann
- Kosher salt og nykvernet sort pepper
- 1 pund (455 g) malt lam
- 3 ss (21 g) tørket brødsmuler
- 2 ss (30 ml) melk
- 2 fedd hvitløk, finhakket
- 1 spiseskje (15 g) tomatpuré
- 2 teskjeer (4 g) malt spisskummen
- ½ ts malt kanel
- ½ ts tørket oregano
- 2 ss (30 ml) ekstra virgin olivenolje
- 16 unser (455 g) søtpotetnudler
- 2 pakkede kopper (40 g) ruccola
- 1 oppskrift Grønn Tahinisaus
- Hakkede ristede cashewnøtter

BRUKSANVISNING

a) Forvarm ovnen til 425 °F (220 °C, eller gassmerke 7).

b) Legg løken til en middels bolle. Kok opp eddik, vann og 1 ts (6 g) salt i en middels kjele mens du rører for å løse opp saltet. Hell den varme væsken over den skivede løken; sette til side.

c) Tilsett lam, brødsmuler, melk, hvitløk, tomatpuré, spisskummen, kanel, oregano og ½ teskje salt i en stor bolle. Bland med hendene til ingrediensene er jevnt blandet. Ikke overarbeid kjøttet. Øs ut ca 2 ss (30 g) av blandingen og rull til en ball mellom håndflatene. Plasser omtrent 2,5 cm fra hverandre på en bakepapirkledd bakeplate. Stek til kjøttbollene er gjennomstekt, ca 15 minutter.

d) I mellomtiden, varm oljen i en stor stekepanne over middels varme. Tilsett søtpotetnudlene, og smak til med salt og pepper. Kok, rør av og til, til de er møre, 6 til 8 minutter.

e) For å servere, tøm væsken fra løkene. Fordel søtpotetnudlene mellom boller. Topp med kjøttboller, ruccola og syltet rødløk. Dryss over grønn tahinisaus og dryss over cashewnøtter.

59. Linsequinoaskåler med Harissa lammekjøttboller

Serverer 4 (ca. 16 kjøttboller)

INGREDIENSER
- 3 spiseskjeer (45 ml) avokado eller ekstra virgin olivenolje, delt
- ½ middels løk, i terninger
- 4 fedd hvitløk, hakket, delt
- 3 ss (45 g) tomatpuré
- 3 ts (6 g) malt spisskummen, delt
- 2 teskjeer (4 g) malt kanel, delt
- ½ ts malt allehånde
- Kosher salt og nykvernet sort pepper
- 3 kopper (705 ml) kyllingkraft
- 3 ss (21 g) tørket brødsmuler
- 1 spiseskje (15 ml) melk
- 2 spiseskjeer (12 g) harissa
- ¾ pund (340 g) malt lam
- 2 ss (16 g) universalmel
- 1 liten haug gylne rødbeter, skrellet og skåret i ¼-tommers (6 mm) tykke runder
- ½ hode brokkoli, kuttet i små buketter
- ½ kopp (80 g) rød quinoa, skylt
- ½ kopp (96 g) brune linser
- 2 kopper (470 ml) vann
- 2 pakkede kopper (140 g) finstrimlet mangold
- Smuldret feta

BRUKSANVISNING

a) Forvarm ovnen til 400 °F (200 °C, eller gassmerke 6).

b) Varm 1 ss (15 ml) av oljen i en nederlandsk ovn over middels varme. Tilsett løken og stek, rør av og til, til den er myk, ca 5 minutter. Tilsett 2 fedd hvitløk, tomatpuré, 1 ts (2 g) spisskummen, 1½ ts (3 g) kanel, allehånde, salt og pepper, og rør for å kombinere. Kok i et minutt til og rør deretter inn kraften. Kok opp, reduser varmen og la det småkoke mens du forbereder kjøttbollene.

c) Tilsett gjenværende hvitløk, spisskummen og kanel, pluss brødsmuler, melk, harissa og ½ ts salt, i en stor bolle. Rør sammen til det er godt blandet. Tilsett lammet, og bland til ingrediensene er jevnt blandet. Øs ut ca 2 ss (30 g) av kjøttet og rull til en ball mellom håndflatene. Kast forsiktig kjøttbollene med mel til de er dekket, og tilsett deretter sausen. Dekk til og la det småkoke på lav varme i 30 til 35 minutter.

d) Kast rødbetene og brokkolien med de resterende 2 ss (30 ml) olje, salt og pepper. Stek til de er møre og lett brune, ca. 20 minutter, rør rundt halvveis.

e) Kombiner quinoa, linser, vann og en sjenerøs klype salt i en middels kjele. Kok opp, dekk til, reduser varmen til lav og la det småkoke til det er mørt, ca 20 minutter. Fjern fra varmen, dekk til med et lokk og damp i ca 5 minutter.

f) For å servere, del mangolden mellom boller. Topp med quinoa og linser, kjøttboller, rødbeter og brokkoli. Hell den krydrede tomatsausen over toppen og dryss over fetasmuler.

60. Blomkål Tabbouleh boller med lammekjøttboller

Serverer 4
INGREDIENSER
- 1 pund (455 g) malt lam
- ½ kopp (24 g) finhakket fersk persille, delt
- 5 ss (15 g) finhakket fersk mynte, delt
- 1 spiseskje (15 g) tomatpuré
- 2 fedd hvitløk, finhakket
- 2 ts (4 g) malt spisskummen
- Kosher salt og nykvernet sort pepper
- 1 ss (15 ml) ekstra virgin olivenolje
- 12 unser (340 g) riset blomkål
- 1 bunke kopp (150 g) druetomater, halvert
- 1 middels engelsk agurk, delt i kvarte og hakket
- Kalamata oliven, pitted
- 1 oppskrift Sitron Tahinisaus (side 26)
- Sumac

BRUKSANVISNING

a) Forvarm ovnen til 425 °F (220 °C, eller gassmerke 7).

b) Tilsett lammet, ¼ kopp (12 g) av persillen, 2 ss (6 g) mynte, tomatpuré, hvitløk, spisskummen og ½ teskje salt i en stor bolle. Bland med hendene til ingrediensene er jevnt blandet. Ikke overarbeid kjøttet. Øs ut ca 2 ss (30 g) av blandingen og rull til en ball mellom håndflatene. Plasser omtrent 2,5 cm fra hverandre på en bakepapirkledd bakeplate. Stek til kjøttbollene er gjennomstekt, ca 15 minutter.

c) I mellomtiden, varm olivenolje i en middels stekepanne over middels varme. Tilsett riset blomkål, smak til med salt og pepper, og rør for å dekke med oljen. Kok, rør av og til, til blomkålen er litt myk, ca 3 minutter. Fjern fra varmen og la avkjøles. Rør inn den resterende ¼ koppen (12 g) persille og de resterende 3 ss (9 g) mynte.

d) For å servere deler du den risede blomkålen mellom boller. Topp med lammekjøttboller, tomater, agurk og oliven. Drypp med sitrontahinisaus og dryss over sumac.

61. Lam og stekt blomkål Tacoboller med Chimichurri

Serverer 4

INGREDIENSER
- 8 reddiker, i tynne skiver
- ½ kopp (120 ml) hvit eddik
- 2½ kopper (590 ml) vann, delt
- Kosher salt og nykvernet sort pepper
- ½ hode blomkål, kuttet i små buketter (ca. 3 kopper eller 400 g)

2 ss (30 ml) avokado eller extra virgin olivenolje, delt
- 1 ts (2 g) malt spisskummen 1 ts (2 g) hvitløkspulver
- ½ ts rød pepperflak
- ¾ kopp (125 g) sprukket freekeh
- 1 pund (455 g) topp rundt lam, kuttet i 1-tommers (2,5 cm) terninger
- 1 teskje (2 g) røkt paprika
- 2 avokado, skrellet, uthulet og skåret i tynne skiver
- 1 oppskrift Chimichurri-saus
- Ristede gresskarkjerner

BRUKSANVISNING

a) Forvarm ovnen til 400 °F (200 °C, eller gassmerke 6).

b) Legg de skivede reddikene i en middels bolle. Kok opp eddik, ½ kopp (120 ml) av vannet og ½ ts salt i en middels kjele mens du rører for å løse opp saltet. Hell den varme væsken over reddikene; sette til side. Skyll ut kasserollen.

c) Kast blomkålen med 1 ss (15 ml) av oljen, spisskummen, hvitløkspulveret, røde pepperflak, salt og pepper. Legg i et enkelt lag på en bakeplate. Stek til de er møre og lett brune, ca 20 minutter, rør en gang halvveis.

d) I mellomtiden kombinerer du freekeh, resterende 2 kopper (470 ml) vann og en sjenerøs klype salt i en middels kjele. Kok opp, reduser deretter varmen til lav og la det småkoke i 15 minutter, rør av og til, til all væsken er absorbert og freekeh er mør. Fjern fra varmen, dekk til med et lokk og damp i ca 5 minutter.

e) Klapp lammet helt tørt og krydre med paprika, salt og pepper. Varm opp den resterende 1 ss (15 ml) oljen i en stor stekepanne over høy varme til den er veldig varm, men den har ikke røyket ennå. Stek lammet i 2 minutter på hver side.

f) Tøm væsken fra reddikene. For å servere, del freekeh mellom boller. Topp med stekt blomkål, lam og avokado.

g) Drypp med Chimichurri-saus og dryss over gresskarkjerner.

62. Supergrønne Quinoaskåler

Serverer 4

INGREDIENSER
- 1 hode brokkoli, kuttet i buketter
- 2½ spiseskjeer (37 ml) avokado eller ekstra virgin olivenolje, delt
- Kosher salt og nykvernet sort pepper
- 1 kopp (175 g) quinoa, skylt
- 2 kopper (470 ml) vann
- 4 kopper (280 g) strimlet toskansk grønnkål
- 2 mellomstore zucchini, kuttet i halvmåner 1 kopp (120 g) avskallet edamame
- 2 avokadoer, skrellet, uthulet og skåret i tynne skiver
- 1 oppskrift Grønn Tahinisaus
- Hampfrø

BRUKSANVISNING
a) Forvarm ovnen til 400 °F (200 °C, eller gassmerke 6).
b) Drypp brokkolien med 2 ss (30 ml) olje, salt og pepper, og vend til belegg. Legg i et enkelt lag på en bakeplate. Stek til de er møre og lett brune rundt toppene, ca 20 minutter, rør en gang halvveis.
c) I mellomtiden kombinerer du quinoa, vann og en sjenerøs klype salt i en middels kjele. Kok opp, dekk deretter til, reduser varmen til lavt og la det småkoke til det er mørt, ca 15 minutter. Ta av varmen, og damp med lokk på i ca 5 minutter.
d) Tilsett grønnkålen i en stor bolle, sammen med den resterende ½ spiseskjeen (7 ml) olje og kokt quinoa. Rør til det er godt blandet. La stå til grønnkålen mykner litt, ca 5 minutter.
e) For å servere deler du quinoa og grønnkål mellom boller. Topp med stekt brokkoli, zucchini, edamame og avokado. Drypp med grønn tahinisaus og dryss hampfrø over.

63. Sprø hvite bønne- og pestoboller

Serverer 4

INGREDIENSER
- ½ kopp (85 g) perlebygg
- 2 kopper (470 ml) vann
- Kosher salt og nykvernet sort pepper
- ½ kopp (90 g) quinoa, skylt
- 1 oppskrift Basilikumpestosaus (side 21)
- 1 haug asparges, ender trimmet 3 ss (45 ml) avokado eller extra virgin olivenolje, delt
- 6 kopper (420 g) strimlet toskansk grønnkål
- 2 fedd hvitløk, finhakket
- ¼ ts rød pepperflak
- 1 ss (15 ml) ferskpresset sitronsaft
- 1½ kopper (300 g) eller 1 (15 unse, eller 420 g) boks hvite bønner, drenert og skylt
- 4 reddiker, i tynne skiver

BRUKSANVISNING

a) Forvarm ovnen til 400 °F (200 °C, eller gassmerke 6).

b) Kombiner bygg, vann og en sjenerøs klype salt i en middels kjele. Kok opp, dekk til, reduser varmen til lav og la det småkoke i 15 minutter. Rør inn quinoaen og fortsett å koke til den er mør, 15 til 20 minutter lenger. Ta av varmen og rør inn en skje pesto.

c) Kast aspargesen med 1 ss (15 ml) olje, salt og pepper, og legg den i et enkelt lag på en bakeplate. Stek til de er møre, ca 15 minutter, rør en gang halvveis.

d) I mellomtiden, varm 1 ss (15 ml) olje i en stor panne på middels varme. Tilsett grønnkål, hvitløk, rød pepperflak og salt. Kok, vend av og til, til grønnkålen er visnet, ca. 5 minutter. Ta av varmen og rør inn sitronsaften. Overfør til en egen bolle.

e) Tilsett den resterende 1 ss (15 ml) oljen i den samme pannen og øk varmen til middels høy. Tilsett bønnene, smak til med salt og pepper, og fordel i et enkelt lag. Kok uforstyrret til den er brun, ca 3 minutter. Rør bønnene og kok til de er lett brune og blemmer, 3 til 4 minutter lenger.

f) For å servere deler du kornene og grønnkålen mellom boller. Topp med asparges, sprø hvite bønner, reddiker og basilikumpestosaus.

64. Grønn gudinne Quinoaskåler med sprø tofu

Serverer 4

INGREDIENSER
- 1 kopp (175 g) rød quinoa, skylt
- 2 kopper (470 ml) vann
- Kosher salt og nykvernet sort pepper
- 1 ss (14 g) kokosolje
- 14 unser (392 g) ekstra fast tofu, presset, drenert og kuttet
- 1 brokkoli med middels hode, kuttet i buketter
- 1 oppskrift Avokado grønn gudinne
- Påkledning
- 12 tykke aspargesspyd, ender trimmet og barbert til bånd
- 6 unser (168 g) snapserter, halvert
- Bønnespirer
- Hampfrø

BRUKSANVISNING

a) Kombiner quinoa, vann og en sjenerøs klype salt i en middels kjele. Kok opp, dekk deretter til, reduser varmen til lavt og la det småkoke til det er mørt, ca 15 minutter. Ta av varmen, og damp med lokk på i ca 5 minutter.

b) Varm oljen i en stor stekepanne over middels høy varme til den er shim-mering. Tilsett tofuen, smak til med salt og pepper, og kok til bunnen er lett brun og sprø, ca. 2 minutter. Vend og fortsett å steke til alle sider er brune.

c) I mellomtiden, damp brokkolien.

d) For å servere, rør en skje av sausen inn i quinoaen, og del deretter mellom boller. Topp med tofu, brokkoli, asparges, snapserter og bønnespirer. Drypp med avokadogrønn gudinnedressing og dryss hampfrø.

65. Za'atar kikertboller

Serverer 4

INGREDIENSER
- 4 mellomstore gulrøtter
- 3 ss (45 ml) avokado eller extra virgin olivenolje, delt
- Kosher salt og nykvernet sort pepper
- 1 kopp (175 g) quinoa, skylt
- 2 kopper (470 ml) vann
- 2 ts (10 ml) eplecidereddik
- 6 kopper (420 g) strimlet grønnkål, delt
- ½ gul løk, i terninger
- 1½ kopper (300 g) eller 1 (15 unse, eller 420 g) boks kikerter, drenert og skylt
- 2 ts (4 g) za'atar
- 1 teskje (2 g) malt spisskummen
- 2 rødbeter, skrelt og i tynne skiver
- ¾ kopp (180 ml) korianderyoghurtsaus
- sesamfrø

BRUKSANVISNING

a) Forvarm ovnen til 400 °F (200 °C, eller gassmerke 6).

b) Skrell og skjær gulrøttene i ¼-tommers (6 mm) tykke skiver. Kast med 1 ss (15 ml) av oljen, salt og pepper, og legg i et enkelt lag på en bakeplate. Stek til de er møre og brune rundt kantene, ca 20 minutter, og snu halvveis.

c) I mellomtiden kombinerer du quinoa, vann og en klype salt i en middels kjele. Kok opp, reduser deretter varmen til lav, dekk til og la det småkoke til det er mørt, ca 15 minutter. Ta av varmen, rør inn eddik og 2 kopper (140 g) av grønnkålen, og damp med lokk på i ca 5 minutter.

d) I mellomtiden, varm opp de resterende 2 ss (30 ml) oljen i en stor panne på middels varme. Tilsett løken og stek, rør av og til, til den er myk. Rør inn kikerter, za'atar, spisskummen, salt og pepper. Kok, rør av og til, til kikertene er gjennomvarme og velduftende, ca. 5 minutter.

e) For å servere deler du quinoaen mellom boller. Topp med kikerter, gulrøtter, de resterende 4 koppene (280 g) grønnkål og rødbeter i skiver. Drypp med korianderyoghurtsaus og dryss over sesamfrø.

Brun ris og grønnkålpestoboller

Ikke så langt tilbake dro jeg til Los Angeles for første gang. På toppen av listen min var frokost på Sqirl, hvor jeg håpet å prøve så mye av menyen jeg kunne. Det overgikk alle mine forventninger, og jeg kom hjem på et oppdrag for å gjenskape deres berømte sorrelpesto-risbolle så snart som mulig. Selv om denne bollen faktisk starter med nøtteaktig brun ris blandet og toppet med pesto (en som er sitronaktig og laget med grønnkål), og blir toppet med et egg, er det mer en løst inspirert versjon enn en eksakt rekreasjon.

Serverer 4

INGREDIENSER
- 1 kopp (235 ml) hvit eddik
- 2½ kopper (590 ml) vann, delt
- Kosher salt og nykvernet sort pepper
- ½ kopp (80 g) rødløk i tynne skiver
- ¾ kopp (125 g) brun ris
- 2 kopper (140 g) hakkede grønnkålblader, stilker fjernet
- 2 ss (18 g) usaltede pistasjnøtter
- 2 ss (10 g) revet Pecorino ost
- 1 fedd hvitløk
- 5 ss (75 ml) ekstra virgin olivenolje, delt
- 2 ss (30 ml) ferskpresset sitronsaft
- 1 haug asparges, ender trimmet
- 1 lite hode blomkål, kuttet i buketter
- 2 teskjeer (4 g) malt gurkemeie
- 4 egg, posjert

BRUKSANVISNING
a) Forvarm ovnen til 400 °F (200 °C, eller gassmerke 6).
b) Kok opp eddik, 1 kopp (235 ml) av vannet og 1 ts (6 g) salt i en middels kjele, rør for å løse opp saltet. Hell den varme væsken over rødløken i en liten bolle; sette til side.
c) Skyll ut kasserollen. Tilsett risen, resterende 1½ kopper (355 ml) vann og en sjenerøs klype salt, og kok opp. Reduser varmen til lav,

dekk til og kok til risen er mør, ca 40 minutter. Ta av varmen, og damp risen med lokk på i 10 minutter.

d) Ha grønnkål, pistasjnøtter, ost, hvitløk og salt i bollen til en kjøkkenmaskin eller blender. Bearbeid til det er finhakket, ca 1 minutt. Skrap ned sidene av bollen, etter behov. Mens maskinen går, strøm inn 3 ss (45 ml) av oljen og sitronsaften, bland til pestoen ser jevn ut; sette til side.

e) Kast aspargesen med 1 ss (15 ml) olje, salt og pepper. Fordel i et jevnt lag på et bakepapir med kant. Kast blomkålen med de resterende 1 ss (15 ml) olje, gurkemeie, salt og pepper. Fordel i et jevnt lag på en separat bakeplate. Stek til grønnsakene er møre og lett brunet rundt kantene, ca 20 minutter, rør en gang halvveis.

f) For å servere, tøm væsken fra løkene. Rør en skje av pestoen inn i risen, og del deretter risen mellom boller. Topp hver bolle med asparges, blomkål, syltet rødløk og et egg, og hell deretter ekstra pesto på toppen.

66. Blomkål Falafel Power Bowls

Serverer 4

INGREDIENSER
- 3 kopper eller 2 (15 unse, eller 420 g) bokser kikerter, drenert og skylt
- 1 liten rødløk, grovhakket
- 2 hvitløksfedd
- 2 ss (30 ml) ferskpresset sitronsaft
- ½ kopp (24 g) ferske persilleblader
- ½ pakket kopp (8 g) friske korianderblader
- 2 ts (4 g) malt spisskummen
- 1 ts (2 g) malt koriander
- ⅛ teskje kajennepepper
- Kosher salt og nykvernet sort pepper
- 3 ss (24 g) universalmel
- 1 ts (5 g) bakepulver
- 1 ss (15 ml) avokado eller ekstra virgin olivenolje
- 16 unser (455 g) riset blomkål
- 2 ts (4 g) za'atar
- 2 pakkede kopper (40 g) ruccola
- 1 middels rød paprika, uthulet og hakket
- 2 avokado, skrellet, uthulet og kuttet i terninger
- Rødkål eller betesurkål
- Hummus

BRUKSANVISNING

a) Hvis du bruker tørkede bønner, tilsett kikertene i en middels bolle og dekk med vann med minst 2,5 cm. La dem sitte utildekket i romtemperatur i 24 timer.

b) Forvarm ovnen til 375 °F (190 °C, eller gassmerke 5).

c) Tilsett de drenerte kikertene, løk, hvitløk, sitronsaft, persille, koriander, spisskummen, koriander, cayenne, 1 ts (6 g) salt og ¼ ts pepper i bollen til en foodprosessor. Puls ca 10 ganger til kikertene er hakket. Skrap ned sidene av bollen, tilsett mel og bakepulver, og pulser til blandingen er godt blandet.

d) Øs ut ca 2 ss av blandingen og rull den til en ball i håndflatene. Overfør til en lett smurt bakeplate og bruk en slikkepott til å flate ut til en ½-tommers (1,3 cm) tykk skive. Gjenta med resten av blandingen.

e) Stek falafelen til den er gjennomstekt og mør, i 25 til 30 minutter, og snu den en gang halvveis.

f) Varm oljen i en stor stekepanne over middels varme. Tilsett riset blomkål, za'atar, salt og pepper, og rør for å kombinere. Kok, rør av og til, til blomkålen er litt myk, ca 3 minutter.

g) For å servere deler du blomkålrisen og ruccolaen mellom boller. Topp med falafelkaker, paprika, avokado, surkål og en skje med hummus.

67. Urte-kikert- og bulgurboller

Serverer 4

INGREDIENSER

- 1½ kopper (300 g) eller 1 (15 unse, eller 420 g) boks kikerter, drenert og skylt
- 1 spiseskje (15 ml) avokado eller ekstra virgin olivenolje
- ¼ kopp (40 g) rødløk i terninger
- 2 spiseskjeer (6 g) finhakket persille
- 1 spiseskje (1 g) finhakket koriander
- ½ ts sumak
- Kosher salt og nykvernet sort pepper
- ¾ kopp (125 g) bulgur
- 1½ kopper (355 ml) vann
- 2 pakkede kopper (40 g) ruccola
- 2 ts (10 ml) eplecidereddik
- ½ hode brokkoli, kuttet i små buketter
- 2 kopper (140 g) finstrimlet rødkål
- 2 avokadoer, skrellet, uthulet og skåret i tynne skiver
- ¾ kopp (180 ml) stekt rød pepper
- Saus

BRUKSANVISNING

a) Tilsett kikerter, olje, løk, urter, sumac, salt og pepper i en middels bolle, og rør for å kombinere. Sett til side for å marinere mens du forbereder resten av bollen.

b) Kombiner bulgur, vann og en sjenerøs klype salt i en middels kjele. Kok opp, dekk til, reduser varmen til lav og la det småkoke til det er mørt, 10 til 15 minutter. Ta av varmen og rør inn ruccola og eddik.

c) I mellomtiden, damp brokkolien.

d) For å servere deler du bulgur og kål mellom boller. Topp med kikerter, brokkoli, avokado og stekt rød peppersaus.

68. Butternut Squash og Grønnkål boller

Serverer 4

INGREDIENSER
- ½ kopp (82 g) perlet farro
- 1¼ kopper (295 ml) vann
- Kosher salt og nykvernet sort pepper
- 1 liten butternut squash, skrellet og kuttet i ½-tommers (1,3 cm) tykke batonger
- 1 pund (455 g) rosenkål, trimmet og halvert
- 2 spiseskjeer (30 ml) avokado, kokosnøtt eller ekstra virgin olivenolje
- 3 kopper (360 g) dampet grønnkål
- 1 kopp (40 g) strimlet radicchio
- 1 fast eple, kjernet ut og i terninger
- Sprø kikerter
- 1 oppskrift Spicy Maple Tahini Saus

BRUKSANVISNING

a) Forvarm ovnen til 425 °F (220 °C, eller gassmerke 7).

b) Tilsett farro, vann og en sjenerøs klype salt i en middels kjele. Kok opp, reduser deretter varmen til lav, dekk til og la det småkoke til farroen er mør med en liten tygging, ca. 30 minutter.

c) I mellomtiden blander du squashen og rosenkålen med olje, salt og pepper. Fordel i et enkelt lag på en bakeplate. Stek til squashen er mør og rosenkålen er brunet og sprø, ca 20 minutter, rør en gang halvveis.

d) For å servere deler du grønnkålen mellom boller. Topp med squash, rosenkål, farro, radicchio og eple. Dryss over sprø kikerter og drypp med Spicy Maple Tahini Sauce.

69. Linser og stekte tomatilloboller

Dette er en bolle for salsa verde-elskere, for alle som har drømt om en mindre rotete måte å spise linsetaco på, og for de som meg, som aldri slutter å overfylle en tortilla med alle grønnsakene i sikte. Selv om du absolutt kan bruke din favorittkrukke med salsa verde, bør du lage denne varme versjonen hvis du har tid. Det starter med å forkulle tomatillos, poblano og hvitløk under broileren for å gi sausen en ekstra dyp smak og røyk. Den holder seg godt i kjøleskap og kan lages inntil noen dager i forveien, eller oppbevares i fryseren i flere måneder.

Serverer 4

INGREDIENSER
- 3 mellomstore tomater, avskallet og vasket
- ½ poblano pepper, med frø
- 2 fedd hvitløk
- 2 ss (30 ml) ekstra virgin olivenolje, delt
- ¼ kopp (4 g) fersk koriander
- Kosher salt
- ½ kopp (120 ml) hvit eddik
- 2½ kopper (590 ml) vann, delt
- 8 reddiker, i tynne skiver
- 1 kopp (190 g) franske linser, skylt
- 1 hode brokkoli, kuttet i buketter
- 1 kopp (120 g) maiskjerner
- 2 avokado, skrellet, uthulet og skåret i tynne skiver

BRUKSANVISNING
a) Sett ovnen til å steke.
b) Plasser tomatillos, poblano og hvitløk på et bakepapir med rander, drypp med 1 ss (15 ml) olje og bland for å kombinere. Stek til tomatillosene er myke med noen forkullede flekker, ca. 8 minutter totalt. Avkjøl helt. Reduser ovnstemperaturen til 400 °F (200 °C, eller gassmerke 6).

c) Tilsett tomatillos, poblano, hvitløk, koriander og salt i bollen til en foodprosessor eller en blender. Bland kontinuerlig til tomatillosene er moset og sausen er godt kombinert.

d) Kok opp eddik, ½ kopp (120 ml) av vannet og ½ ts salt i en middels kjele. Hell den varme væsken over reddikene i en middels bolle; sette til side.

e) Skyll ut kasserollen. Kombiner linsene, de resterende 2 koppene (470 ml) vann og en klype salt i samme kjele. Kok opp, reduser deretter varmen slik at væsken koker. Kok til linsene er møre, 20 til 30 minutter. Tøm og sett til side. Tilbered grønnsakene i mellomtiden.

f) Kast brokkolien med den resterende 1 ss (15 ml) oljen og legg den i et jevnt lag på en bakeplate. Stek til de er møre og lett brune, ca 20 minutter, rør en gang halvveis.

g) For å servere, tøm væsken fra reddikene. Fordel linsene mellom boller. Topp med reddiker, brokkoli, mais og avokado, og drypp tomatillosausen over toppen.

70. **Banh Mi boller**

Serverer 4

INGREDIENSER
- 14 unser (392 g) ekstra fast tofu, presset og drenert
- 2 ss (30 ml) soyasaus
- 2 ts (10 ml) ristet sesamolje
- 2 sitrongressløker, finhakket
- 2 fedd hvitløk, finhakket
- 2 mellomstore gulrøtter, skrelt og skåret i bånd
- 1 liten daikon, skrellet og skåret i bånd
- 1 kopp (235 ml) riseddik
- 3 kopper (705 ml) vann, delt
- Kosher salt og nykvernet sort pepper
- 1 kopp (165 g) sjasminris
- 2 kopper (110 g) hakket romansalat
- 8 reddiker, i tynne skiver
- ¼ kopp (4 g) fersk koriander
- ½ kopp (120 ml) krydret yoghurtsaus

BRUKSANVISNING

a) Forvarm ovnen til 400 °F (200 °C, eller gassmerke 6).

b) Skjær tofuen i trekanter. Visp sammen soyasaus, sesamolje, sitrongress og hvitløk i en grunn beholder. Tilsett tofuen, rør til belegget og mariner i minst 10 minutter.

c) Tilsett gulrøtter og daikon i en stor bolle i mellomtiden. Kok opp eddik, 1 kopp (235 ml) vannet og 1 ts (6 g) salt i en middels kjele, rør for å løse opp saltet. Hell den varme væsken over gulrøttene og daikon; sette til side.

d) Skyll ut kasserollen. Tilsett risen, resterende 2 kopper (470 ml) vann og en sjenerøs klype salt, og kok opp. Reduser varmen, dekk til og kok til risen er mør, ca 15 minutter. Ta av varmen, og damp risen med lokk på i 10 minutter.

e) Kok tofuen imens. Plasser tofuen i et enkelt lag på en stor bakepapirkledd bakeplate, og kast den gjenværende marinaden. Kok til bunnen av tofuen er lett brunet, ca 12 minutter. Vend tofuen og stek i ytterligere 12 minutter.

f) For å servere, tøm væsken fra gulrøttene og daikon. Fordel ris og romaine mellom boller. Topp med tofu, syltede grønnsaker, reddiker og koriander, og drypp med krydret yoghurtsaus.

71. Thai kokos karri boller

Serverer 4

INGREDIENSER
- 1 ss (14 g) kokosolje
- 3 fedd hvitløk, finhakket
- 1½ ss (9 g) finhakket fersk ingefær
- 2 ss (30 g) rød thai karripasta
- 1 (14 unse, eller 392 g) boks usøtet kokosmelk
- 1½ kopper (355 ml) grønnsakskraft
- 1 lime, skrellet, deretter kuttet i terninger
- Kosher salt og nykvernet sort pepper
- 14 unser (392 g) ekstra fast tofu, presset, drenert og kuttet
- 8 unser (225 g) grønne bønner, trimmet
- 2 ts (10 ml) tamari
- 1 hode brokkoli, kuttet i buketter
- 16 unser (455 g) zucchininudler
- 1 kopp (70 g) revet rødkål
- Ristede usaltede peanøtter, hakket
- Finhakket fersk koriander

BRUKSANVISNING
a) Varm oljen i en middels kjele over middels varme. Tilsett hvitløk og ingefær, rør til belegget og stek til dufter, ca. 30 sekunder. Rør inn karripastaen og stek i 1 minutt lenger. Rør inn kokosmelk, kraft og limeskall, og smak til med salt og pepper. Kok opp, reduser deretter varmen til lav og la det småkoke i 15 minutter. Rør inn tofu og grønne bønner, og la det småkoke i 5 minutter lenger. Ta av varmen, rør inn tamarien og smak til.
b) I mellomtiden, damp brokkolien.
c) For å servere deler du zucchininudlene mellom boller. Topp med tofu og grønne bønner, brokkoli og kål. Hell karrisausen over toppen, dryss over peanøtter og koriander, og tilsett en skvis limejuice.

72. Vegetariske sushiboller

Serverer 4

INGREDIENSER

- 1 kopp (165 g) brun ris
- 2 kopper (470 ml) pluss 2 ss (30 ml) vann, delt
- Kosher salt og nykvernet sort pepper
- 14 unser (392 g) ekstra fast tofu, presset og drenert
- ¼ kopp (60 ml) soyasaus
- 2 ss (30 ml) riseddik
- 1 teskje (6 g) honning2 fedd hvitløk, hakket
- 2 middels gulrøtter, skrelt og barbert i bånd
- ½ agurk uten frø, i tynne skiver
- 2 avokadoer, skrellet, uthulet og tynt
- oppskåret
- 2 løkløk, i tynne skiver
- Strimlet nori
- sesamfrø
- 1 oppskrift Miso-ingefærsaus

BRUKSANVISNING

a) Forvarm ovnen til 400 °F (200 °C, eller gassmerke 6).

b) Tilsett risen, 2 kopper (470 ml) av vannet og en sjenerøs klype salt i en middels kjele, og kok opp. Reduser varmen til lav, dekk til og kok til risen er mør, 40 til 45 minutter. Ta av varmen, og damp risen med lokk på i 10 minutter.

c) I mellomtiden skjærer du tofuen i trekanter. Visp sammen soyasaus, riseddik, resterende 2 ss (30 ml) vann, honning og hvitløk i en grunn beholder. Tilsett tofuen, rør forsiktig for å kombinere, og mariner i minst 10 minutter.

d) Plasser tofuen i et enkelt lag på en bakeplate, og kast resten av marinaden. Kok til bunnen av tofuen er lett brunet, ca 12 minutter. Vend tofuen og stek i ytterligere 12 minutter.

e) For å servere deler du risen mellom boller. Topp med tofu, gulrot, agurk og avokado. Pynt med løk, nori og sesamfrø, og drypp med miso-ingefærsaus.

73. Vårens Soba-skåler

Serverer 4
INGREDIENSER
- 1 haug asparges, ender trimmet 2 ss (30 ml) avokado eller extra virgin olivenolje, delt
- Kosher salt og nykvernet sort pepper
- 8 unser (225 g) blandede sopp, som shiitake og cremini, i skiver
- 1 spiseskje (15 ml) kokosnøttaminosyrer
- 4 unser (115 g) bokhvete soba nudler
- 4 store egg
- 1 kopp (120 g) engelske erter, blanchert
- 4 mellomstore gulrøtter, skrelt og skåret i bånd
- 1 vannmelon reddik, i tynne skiver
- 2 scallions, kun grønne deler, julienned
- 1 oppskrift Herbed geitost saus
- sesamfrø

BRUKSANVISNING

a) Forvarm ovnen til 400 °F (200 °C, eller gassmerke 6).

b) Plasser aspargesene på en bakeplate. Drypp med 1 ss (15 ml) olje, salt og pepper, og rør til belegget. Kok til de er møre og lett brune, 15 minutter, rør en gang halvveis.

c) I mellomtiden, varm opp den resterende 1 ss (15 ml) oljen i en stor stekepanne over middels varme. Tilsett soppen og fres til den er mør. Rør inn kokosnøttaminoene og kok i 1 minutt lenger.

d) Kok opp en stor kjele med saltet vann. Tilsett soba-nudlene og kok etter anvisningen på pakken. Tøm og skyll godt med kaldt vann.

e) Kok opp en egen kjele med vann på middels varme.

f) Bruk en skje til å senke eggene forsiktig ned i vannet. Kok i 6 minutter, hold en svak oppkoking. Reduser varmen om nødvendig. Overfør eggene til et isbad til de er kjølige nok til å håndtere, men fortsatt varme. Skrell eggene, og del hvert i to.

g) For å servere deler du soba-nudlene mellom boller. Topp med asparges, sopp, erter, gulrøtter, oppskåret reddik, løk og et bløtkokt egg. Drypp med urtede geitostsaus og dryss over sesamfrø.

74. Brokkoli ris og egg boller

Serverer 4

INGREDIENSER
- 1 kopp (235 ml) hvit eddik
- 1 kopp (235 ml) vann
- Kosher salt og nykvernet sort pepper
- 6 reddiker, i tynne skiver
- 3 ss (45 ml) avokado eller extra virgin olivenolje, delt
- 16 unser (455 g) riset brokkoli
- 2 fedd hvitløk, finhakket
- 1 teskje (2 g) za'atar
- 4 kopper (120 g) babyspinat
- 1 ss (15 ml) ferskpresset sitronsaft
- 4 store egg
- Smuldret feta
- 1 oppskrift Sitron Tahinisaus
- røde pepper flak

BRUKSANVISNING

a) Kok opp eddik, vann og 1 ts (6 g) salt i en middels kjele mens du rører for å løse opp saltet. Hell den varme væsken over reddikene i en stor bolle; sette til side.

b) Varm 1 ss (15 ml) av oljen i en stor stekepanne over middels varme til den skinner. Tilsett riset brokkoli, hvitløk, za'atar, salt og pepper. Kok, rør av og til, til brokkolien er litt myk, 3 til 5 minutter. Fordel mellom boller.

c) Varm 1 ss (15 ml) olje i samme panne på middels varme. Tilsett spinaten og smak til med salt og pepper. Kok, vend av og til, til visnet, 2 til 3 minutter. Ta av varmen og rør inn sitronsaften. Fordel mellom boller.

d) Varm opp den resterende 1 ss (15 ml) oljen i samme panne, og stek eggene.

e) Tøm væsken fra reddikene. For å servere, topp riset brokkoli og spinat med et egg, reddiker og fetaost. Drypp med sitrontahinisaus og dryss over røde pepperflak.

75. Blomkål Pad Thai boller

Serverer 4

INGREDIENSER

- 2 ss (30 ml) avokado eller extra virgin olivenolje, delt
- 14 unser (392 g) ekstra fast tofu, presset, drenert og kuttet
- Kosher salt og nykvernet sort pepper
- 16 unser (455 g) riset blomkål
- 2 fedd hvitløk, finhakket
- 2 store egg, lett pisket
- ¾ kopp (180 ml) Tamarind peanøttsaus (side 24)
- 1 kopp (70 g) revet rødkål
- 1 kopp (110 g) revne gulrøtter
- 1 kopp (100 g) bønnespirer
- ½ kopp (8 g) friske korianderblader
- 2 løk, kun grønne deler, i tynne skiver
- Hakkede ristede, usaltede peanøtter

BRUKSANVISNING

a) Varm 1 ss (15 ml) av oljen i en stor stekepanne over middels høy varme. Tilsett tofuen, smak til med salt og pepper, og stek, vend av og til, til alle sider er sprø og gyldenbrune. Overfør tofuen til en tallerken med papirhåndkle.

b) Varm opp den resterende 1 ss (15 ml) oljen i samme panne på middels varme. Tilsett riset blomkål og hvitløk. Kok, rør av og til, til blomkålen er litt myk, ca 3 minutter. Flytt blomkålen til den ene siden av gryten. Hell eggene på den tomme siden og rør til de er gjennomstekt. Bland med blomkålrisen. Ta av varmen og rør inn ca 2 ss (30 ml) av sausen.

c) For å servere deler du blomkålrisen mellom boller. Topp med tofu, kål, gulrøtter, bønnespirer og koriander. Pynt med løk og peanøtter, og drypp med tamarind peanøttsaus.

76. Krydret sesamtofu og risboller

Serverer 4

INGREDIENSER
- ¾ kopp (125 g) forbudt ris
- 1½ kopper (355 ml) vann
- Kosher salt
- 14 unser (392 g) ekstra fast tofu, presset og drenert
- 2 spiseskjeer (30 ml) tamari
- 3 spiseskjeer (45 ml) ristet sesamolje, delt
- 1 teskje (6 g) honning
- ½ ts sambal olek
- 1 middels hode brokkoli, kuttet i små buketter
- ½ spiseskje (3 g) finrevet fersk ingefær
- 2 middels gulrøtter, skrelt og barbert i bånd
- 2 avokadoer, skrellet, uthulet og skåret i tynne skiver
- sesamfrø
- 1 oppskrift peanøttsaus (side 24)

BRUKSANVISNING

a) Forvarm ovnen til 400 °F (200 °C, eller gassmerke 6).

b) Kombiner ris, vann og en sjenerøs klype salt i en middels kjele og kok opp. Reduser varmen til lav, dekk til og la det småkoke, rør av og til, til risen er mør, ca. 30 minutter. I mellomtiden forbereder du tofuen og grønnsakene.

c) Skjær tofuen i trekanter. Visp sammen tamari, 1 ss (15 ml) sesamolje, honning og sambal olek i en grunn beholder. Tilsett tofuen, rør til belegget og mariner i minst 10 minutter.

d) Plasser tofuen i et enkelt lag på den ene siden av en stor, bakepapirkledd bakeplate, og kast den gjenværende marinaden. Kast brokkolien med de resterende 2 ss (30 ml) sesamolje, ingefær og salt. Legg i et enkelt lag på den andre halvdelen av bakeplaten.

e) Kok til bunnen av tofuen er lett brunet, ca 12 minutter. Vend tofuen, rør om brokkolien og stek i ytterligere 12 minutter.

f) For å servere deler du risen mellom boller. Topp med tofu, stekt brokkoli, barberte gulrøtter og avokado. Dryss over sesamfrø og drypp over peanøttsaus.

g) Gjør det vegansk | Ved ganske enkelt å bytte ut honningen med agavesirup, blir denne oppskriften lett veganervennlig. Ikke hopp over søtningsmiddelet helt, da det er viktig for å holde marinaden balansert.

77. Chili-lønn Tofu boller

Serverer 4

INGREDIENSER
- 1 kopp (235 ml) riseddik
- 1 kopp (235 ml) vann
- ¼ ts rød pepperflak
- Kosher salt og nykvernet sort pepper
- 3 mellomstore gulrøtter, skrelt og skåret i bånd
- ¼ kopp (60 ml) tamari
- 2 ss (30 ml) lønnesirup
- 2 ts (10 ml) hvitløk chilisaus
- 14 unser (392 g) ekstra fast tofu, presset, drenert og kuttet i trekanter
- 225 g bokhvete soba nudler
- 1 ss (15 ml) avokado eller ekstra virgin olivenolje
- 1 kopp (70 g) finstrimlet rødkål
- 1 kopp (120 g) avskallet edamame
- 2 avokado, skrellet, uthulet og skåret i tynne skiver
- ¾ kopp (180 ml) krydret peanøttsaus
- 3 løk, kun grønne deler, i tynne skiver

BRUKSANVISNING

a) Kok opp eddik, vann, røde pepperflak og 1 ts (6 g) salt i en middels kjele mens du rører for å løse opp saltet.

b) Hell den varme væsken over gulrøttene i en middels bolle; sette til side.

c) Visp sammen tamari, lønnesirup og hvitløk chilisaus i en grunn beholder. Tilsett tofuen og rør for å dekke. Mariner i minst 10 minutter.

d) Kok opp en stor kjele med saltet vann. Tilsett soba-nudlene og kok etter anvisningen på pakken. Tøm og skyll godt med kaldt vann.

e) Tøm marinaden fra tofuen. Varm oljen i en stor stekepanne over middels høy varme til den skinner. Tilsett tofuen, smak til med salt og pepper, og kok til bunnen er lett brun og sprø, ca. 2 minutter. Vend og fortsett å steke til alle sider er lett brunet.

f) For å servere, tøm væsken fra gulrøttene. Fordel soba-nudlene mellom boller. Topp med tofu-kiler, syltede gulrotbånd, rødkål, edamame og avokado. Drypp med krydret peanøttsaus og dryss med løk.

78. **Masala kikertboller**

Serverer 4

INGREDIENSER
- 1 lite hode blomkål, kuttet i buketter
- 3 mellomstore gulrøtter, skrellet og kuttet i ¼-tommers (6 mm) tykke skiver 4 ss (60 ml) avokado eller ekstra virgin olivenolje, delt
- Kosher salt og nykvernet sort pepper
- 1 liten løk, i terninger
- 2 fedd hvitløk, finhakket
- 1 ss (6 g) finrevet fersk ingefær
- 1 liten Serranochili, frø og terninger (valgfritt)
- 2 teskjeer (4 g)Garam masala
- 1 ts (2 g) malt koriander
- ½ ts malt gurkemeie
- 1 (14 unse, eller 392 g) boks tomater i terninger
- 1½ kopper (300 g) eller 1 (15 unse, eller 420 g) boks kikerter, drenert og skylt
- ½ kopp (90 g) hirse
- 1¼ kopper (295 ml) vann
- 4 kopper (280 g) hakket mangold
- 1 oppskrift Cilantro Yoghurtsaus

BRUKSANVISNING
a) Forvarm ovnen til 400 °F (200 °C, eller gassmerke 6).
b) Kast blomkål og gulrøtter med 2 ss (30 ml) av oljen, salt og pepper. Fordel i et jevnt lag på et bakepapir med kant. Stek i 20 minutter, rør en gang halvveis.
c) Varm 1 ss (15 ml) olje i en stor panne på middels varme. Tilsett løken, smak til med salt og pepper, og stek, rør av og til, til den er myk, ca 5 minutter. Tilsett hvitløk, ingefær, Serrano-chile (hvis du bruker), garam masala, koriander og gurkemeie, og rør for å kombinere. Kok til dufter, ca 2 minutter. Rør inn tomater, kikerter og en annen klype salt og pepper. Kok opp, reduser deretter varmen og la det småkoke i 15 minutter, rør av og til. Tilbered hirsen i mellomtiden.

d) Tilsett hirsen i en stor, tørr kjele og rist på middels varme til den er gyldenbrun, 4 til 5 minutter. Hell i vannet og en sjenerøs klype salt. Vannet vil sprute først, men vil sette seg raskt. Kok opp. Reduser varmen til lav, dekk til og la det småkoke til mesteparten av vannet er absorbert, ca. 15 minutter. Ta av varmen og damp i kjelen i 5 minutter.

e) Varm opp den resterende 1 ss (15 ml) oljen i en stekepanne på middels varme. Tilsett mangolden, smak til med salt og pepper, og vend den til med olje. Kok til de er møre, 3 til 5 minutter.

f) For å servere deler du hirse og mangold mellom boller. Topp med kikerter og tomater, stekt blomkål og gulrøtter.

79. <u>Harvest Macro Bowl</u>

Serverer 4

INGREDIENSER
- ½ kopp (82 g) brun ris
- ½ kopp (96 g) brune linser
- Kosher salt og nykvernet sort pepper
- 1 mediumdelikat squash
- 2 spiseskjeer (30 ml) avokado eller ekstra virgin olivenolje, delt

¼ teskje malt kanel
- 1 hodebrokkoli, kuttet i buketter
- 2 kopper (110 g) hakket romansalat
- 2 mellomstore rødbeter, skrelt og i tynne skiver
- 1 stort eple, kjernehuset og skåret i skiver
- Surkål
- 1 oppskrift på Miso Tahini-saus (side 26)
- Hampfrø

BRUKSANVISNING

a) Forvarm ovnen til 400 °F (200 °C, eller gassmerke 6).

b) Tilsett ris, linser og en sjenerøs klype salt i en middels kjele, og dekk med vann med minst 5 cm. Kok opp, reduser deretter varmen til lav og la det småkoke til det er mørt, 25 til 30 minutter. Tøm overflødig vann.

c) Skjær squashen i ½-tommers (1,3 cm) tykke ringer, fjern og kast frøene. Kast squashen med 1 ss (15 ml) olje, kanel, salt og pepper. Plasser i et enkelt lag på den ene siden av en bakeplate. Kast brokkolien med de resterende 1 ss (15 ml) olje, salt og pepper, og legg i et enkelt lag på den andre siden av bakeplaten. Stek til grønnsakene er møre og lett brunet, ca. 20 minutter, snu squashen og rør i brokkolien en gang halvveis.

d) For å servere deler du ris og linser mellom boller. Tilsett de stekte grønnsakene, romaine, rødbeter, epler og surkål. Drypp med Miso Tahini saus og dryss hampfrø.

80. Gurkemeie-ingefær Blomkål og linseboller

Serverer 4

INGREDIENSER
- ½ kopp (120 ml) hvit eddik
- ½ kopp (120 ml) vann
- Kosher salt og nykvernet sort pepper
- ½ middels rødløk, i tynne skiver
- ½ kopp (96 g) franske linser, skylt
- 2 mellomstore søtpoteter, skrelt og kuttet i 2,5 cm store terninger
- 3 spiseskjeer (45 ml) avokado eller ekstra virgin olivenolje, delt
- 2 kopper (140 g) finstrimlet toskansk grønnkål
- 8 unser (225 g) riset blomkål
- 1 ss (6 g) finrevet fersk ingefær
- 1 fedd hvitløk, finhakket
- 1 teskje (2 g) malt gurkemeie
- 1 oppskrift Raita
- Ristede gresskarkjerner

BRUKSANVISNING

a) Forvarm ovnen til 425 °F (220 °C, eller gassmerke 7).

b) Kok opp eddik, vann og en halv teskje salt i en middels kjele, rør for å løse opp saltet. Hell den varme væsken over den skivede løken i en middels bolle; sett til side mens du forbereder resten av ingrediensene.

c) I mellomtiden legger du linsene og en sjenerøs klype salt i en middels kjele, og dekk til med vann med minst 5 cm. Kok opp, reduser deretter varmen til lav og la det småkoke til det er mørt, ca 25 minutter. Tøm overflødig vann.

d) Kast søtpotetene med 1 ss (15 ml) olje, salt og pepper. Legg i et enkelt lag på en bakeplate. Stek til de er møre og brune rundt kantene, ca 20 minutter, rør en gang halvveis.

e) Gni grønnkålen med 1 ss (15 ml) olje og en klype salt; sette til side.

f) Varm opp den resterende 1 ss (15 ml) oljen i en stekepanne på middels varme. Tilsett riset blomkål, ingefær, hvitløk, gurkemeie, salt og pepper. Kok, rør av og til, til de er møre, ca 3 minutter.

g) Tøm væsken fra løkene. For å servere deler du blomkålrisen og linsene mellom boller. Topp med grønnkål, søtpotet og syltet løk. Tilsett en sjenerøs klatt Raita og dryss over gresskarkjerner.

81. Tacoboller med søtpotet og linser

Serverer 4

INGREDIENSER
- 1 kopp (190 g) brune linser
- Kosher salt og nykvernet sort pepper
- 1 ss (15 ml) avokado eller ekstra virgin olivenolje
- 16 unser (455 g) søtpotetnudler
- ½ ts chilipulver
- ½ ts malt spisskummen
- 1 kopp (120 g) maiskjerner
- 2 avokado, skrellet, uthulet og kuttet i terninger
- gresk yogurt
- Pico de gallo
- 2 løkløk, i tynne skiver
- Finhakket fersk koriander

BRUKSANVISNING

a) Tilsett linsene og en sjenerøs klype salt i en middels kjele, og dekk med vann med minst 5 cm. Kok opp, reduser deretter varmen til lav og la det småkoke til det er mørt, 25 til 30 minutter. Tøm overflødig vann.

b) Varm oljen i en stor stekepanne over middels varme. Tilsett søtpotetnudler, chilipulver, spisskummen, salt og pepper. Kok, vend av og til, til den er myk, 6 til 8 minutter.

c) For å servere deler du linsene og søtpotetnudlene mellom boller. Topp med mais, avokado, en klatt gresk yoghurt, pico de gallo, løk og koriander.

82. Chipotle søtpotetskåler

Serverer 4

INGREDIENSER
- ½ kopp (120 ml) hvit eddik
- 2½ kopper (590 ml) pluss 2 ss (30 ml) vann, delt
- Kosher salt og nykvernet sort pepper
- ½ kopp (80 g) rødløk i tynne skiver
- 2 store (eller 3 mellomstore) søtpoteter
- 1 ss (15 ml) avokado eller ekstra virgin olivenolje
- 1 spiseskje (6 g) chipotlechile pulver
- 2 teskjeer (4 g) malt spisskummen, delt
- 1 kopp (175 g) quinoa, skylt
- 2 spiseskjeer (30 ml) fersk
- presset limejuice
- 1½ kopper (300 g) eller 1 (15 unse, eller 420 g) boks svarte bønner, drenert og skylt
- 1 kopp (120 g) maiskjerner
- 4 kopper (120 g) babyspinat
- 1 avokado, skrellet, uthulet og skåret i tynne skiver
- 1 oppskrift Chimichurri saus
- 2 løkløk, i tynne skiver

BRUKSANVISNING

a) Forvarm ovnen til 400 °F (200 °C, eller gassmerke 6).

b) Kok opp eddik, ½ kopp (120 ml) av vannet og ½ ts salt i en liten kjele mens du rører for å løse opp saltet. Tilsett løken i en liten bolle og hell den varme væsken over toppen; sette til side.

c) Skrell og del potetene i to på langs, og skjær deretter i 1,3 cm tykke skiver. Kast søtpotetene med olje, chipotle-chilipulver, 1 ts (2 g) spisskummen, salt og pepper. Fordel i et jevnt lag på et bakepapir med kant. Stek til de er møre og brune rundt kantene, ca. 25 minutter, og snu en gang halvveis.

d) I mellomtiden blander du quinoaen, 2 kopper (470 ml) vann og en sjenerøs klype salt i en middels kjele. Kok opp, dekk deretter til, reduser varmen til lavt og la det småkoke til det er mørt, ca 15 minutter. Ta av varmen, og damp med lokk på i ca 5 minutter. Rør inn limesaften.

e) Tilsett bønnene, mais, resterende 2 ss (30 ml) vann, resterende 1 ts (2 g) spisskummen og en klype salt i en middels kjele. Kok, rør av og til, til de er gjennomvarme, 3 til 5 minutter.

f) Tøm væsken fra løkene. For å servere deler du spinat og quinoa mellom boller. Topp med søtpotet, svartbønne-maisblanding, syltet rødløk og avokado. Drypp over Chimichurri-saus og dryss over løk.

83. Marokkansk-krydrede kikertboller

Serverer 4
INGREDIENSER
- 3 spiseskjeer (45 ml) avokado eller ekstra virgin olivenolje, delt
- ½ middels løk, i terninger
- 2 fedd hvitløk, finhakket
- 2 ts (4 g) harissa
- 1 teskje (5 g) tomatpuré
- 2 teskjeer (4 g) malt spisskummen
- 1 teskje (2 g) paprika
- ½ ts malt kanel
- Kosher salt og nykvernet sort pepper
- 2 kopper (400 g) kikerter, drenert
- 1 (14 unse, eller 392 g) boks tomater i terninger
- ¾ kopp (125 g) bulgur
- 1½ kopper (355 ml) vann
- 8 pakkede kopper (560 g) strimlet grønnkål
- 2 avokadoer, skrellet, uthulet og skåret i tynne skiver
- 4 posjerte egg
- 1 oppskrift Mintyoghurtsaus

BRUKSANVISNING

a) Varm 2 ss (30 ml) av oljen i en panne på middels varme til den skinner. Tilsett løken og stek, rør av og til, til den er myk og duftende, ca 5 minutter. Rør inn hvitløk, harissa, tomatpuré, spisskummen, paprika, kanel, salt og pepper, og stek i 2 minutter. Rør inn kikertene og tomatene. Kok opp, reduser deretter varmen til lav og la det småkoke i 20 minutter. I mellomtiden gjør du klar bulguren.

b) Kombiner bulgur, vann og en sjenerøs klype salt i en middels kjele. Kok opp. Reduser varmen til lav, dekk til og la det småkoke til det er mørt, 10 til 15 minutter.

c) Varm opp den resterende 1 ss (15 ml) oljen i en stekepanne på middels varme til den skinner. Tilsett grønnkålen og smak til med salt. Kok, rør av og til, til den er myk og visnet, ca. 5 minutter.

d) For å servere deler du bulguren mellom boller. Topp med kikerter og tomater, grønnkål, avokado og et egg. Drypp med mynteyoghurtsaus.

84. Winter Squash og Farro Macro Bowls

Serverer 4

INGREDIENSER
- 1 kopp (165 g) perlet farro
- 3½ kopper (822 ml) vann, delt
- Kosher salt og nykvernet sort pepper
- ½ kopp (25 g) tørkede mungbønner, skylt
- 2 ss (30 ml) avokado eller extra virgin olivenolje, delt
- ½ spiseskje (7 g) vegetarisk thailandsk rød karripasta
- 2 mellomstore delikate squash
- 1 haug regnbue chard, strimlet
- ½ spiseskje (3 g) revet fersk ingefær
- 2 mellomstore rødbeter, skrelt og i tynne skiver
- Smuldret geitost
- Ristede gresskarkjerner
- 1 oppskrift Cilantro-Persille Pesto

BRUKSANVISNING

a) Forvarm ovnen til 400 °F (200 °C, eller gassmerke 6).

b) Tilsett farro, 2 kopper (470 ml) av vannet og en sjenerøs klype salt i en middels kjele. Kok opp, reduser deretter varmen til lav, dekk til og la det småkoke til farroen er mør med en liten tygging, ca. 30 minutter.

c) Tilsett mungbønnene, resterende 1½ kopper (355 ml) vann og en sjenerøs klype salt i en separat kjele. Kok opp. Reduser varmen til middels lav og la det småkoke til de er møre, ca 25 minutter. Tilbered grønnsakene i mellomtiden.

d) Visp sammen 1 ss (15 ml) av oljen, karripasta, salt og pepper i en stor bolle. Del squashen i to på langs. Øs ut frøene. Skjær på tvers i ½-tommers (1,3 cm) tykke halvmåner. Tilsett squashen i bollen og bland for å kombinere. Plasser i et enkelt lag på en bakeplate med kant, og stek til de er møre og brune rundt kantene, 25 minutter, snu en gang halvveis.

e) Varm opp den resterende 1 ss (15 ml) oljen i en stor stekepanne over middels varme. Tilsett mangold, ingefær og salt. Kok, vend av og til, til visnet, ca 5 minutter.

f) For å servere, del farroen mellom boller. Topp med mungbønner, stekt squash, mangold, rødbeter, geitost, gresskarkjerner og pesto.

85. Bete Falafel boller

Serverer 4

INGREDIENSER
- 3 kopper (600 g) eller 2 (15 unse, eller 420 g) bokser kikerter, drenert og skylt
- 1 liten rødløk, grovhakket
- ½ kopp (24 g) ferske persilleblader
- ½ pakket kopp (24 g) friske korianderblader
- 2 ss (30 ml) ferskpresset sitronsaft
- 2 fedd hvitløk
- 2 ts (4 g) malt spisskummen
- 1 ts (2 g) malt koriander
- ⅛ teskje kajennepepper
- Kosher salt og nykvernet sort pepper
- 3 ss (24 g) universalmel
- 1 ts (2 g) bakepulver
- 8 (5-tommers eller 13 cm) babygulrøtter, med stilker fortsatt festet
- 1 ss (15 ml) avokado eller ekstra virgin olivenolje
- 16 unser (455 g) spiraliserte rødbetenudler
- 2 pakkede kopper (140 g) finstrimlet
- Toskansk grønnkål
- ½ engelsk agurk, hakket
- 1 oppskrift Avokado grønn gudinne
- Påkledning

BRUKSANVISNING
a) Hvis du bruker tørkede bønner, tilsett kikertene i en middels bolle og dekk med vann med minst 2,5 cm. La dem sitte utildekket i romtemperatur i 24 timer.
b) Forvarm ovnen til 375 °F (190 °C, eller gassmerke 5).
c) Tilsett de drenerte kikertene, løk, persille, koriander, sitronsaft, hvitløk, spisskummen, koriander, cayenne, 1 ts (6 g) salt og ¼ ts pepper i bollen til en foodprosessor. Puls ca 10 ganger til kikertene

er hakket. Skrap ned sidene av bollen, tilsett mel og bakepulver, og pulser til blandingen er godt blandet.

d) Øs ut ca 2 ss (30 g) av blandingen og rull den til en ball i håndflatene. Overfør til en lett smurt bakeplate og bruk en slikkepott til å flate ut til en ½-tommers (1,3 cm) tykk skive. Gjenta med resten av blandingen.

e) Stek falafelen til den er gjennomstekt og mør, i 25 til 30 minutter, og snu den en gang halvveis.

f) Skjær gulrøttene i to på langs. Bland med olje, salt og pepper, og legg i et enkelt lag på en bakeplate. Kok til de er møre, ca 20 minutter.

g) For å servere deler du rødbetenudlene og grønnkålen mellom boller. Topp med falafelkaker, ristede gulrøtter og agurk, og drypp med Avokado Green Goddess Dressing.

86. Etiopisk-krydret røde linseboller med grønt

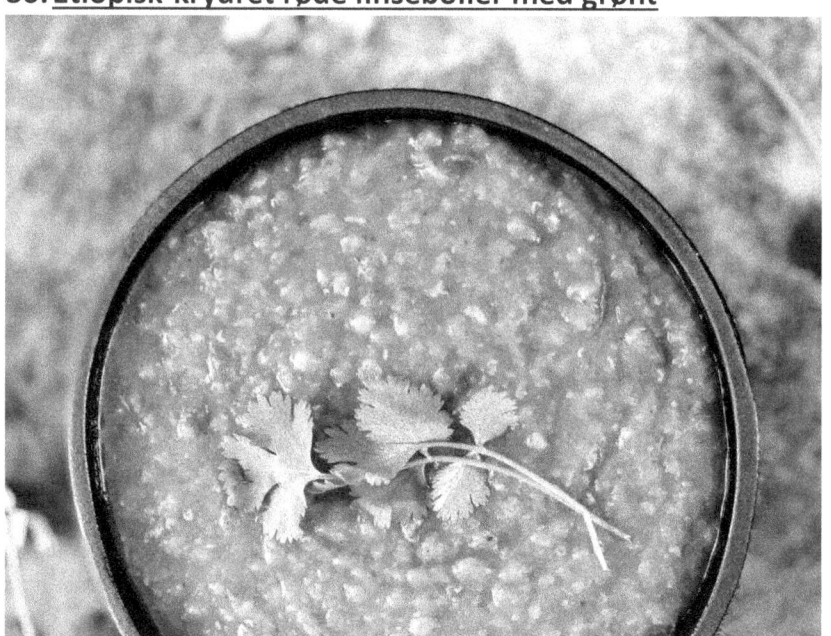

Serverer 4

INGREDIENSER
- ¾ kopp (125 g) brun ris
- 1½ kopper (355 ml) vann
- Kosher salt og nykvernet sort pepper
- 2 bunter brokkoli
- 3 ss (45 ml) avokado eller extra virgin olivenolje, delt
- 1 løk, i terninger
- 2 fedd hvitløk, finhakket
- 1 ss (6 g) finrevet fersk ingefær
- 2 ss (30 g) tomatpuré
- 1 spiseskje (6 g) berbere
- 1 ts (2 g) malt koriander
- 1 kopp (190 g) røde linser
- 4 kopper (940 ml) grønnsaks- eller kyllingbuljong
- 1 kopp (235 ml) hermetisert usøtet kokosmelk
- 4 kopper (120 g) babyspinat
- gresk yogurt
- Friske korianderblader

BRUKSANVISNING

a) Forvarm ovnen til 400 °F (200 °C, eller gassmerke 6).

b) Tilsett ris, vann og en sjenerøs klype salt i en middels kjele og kok opp. Reduser varmen til lav, dekk til og kok til risen er mør, 40 til 45 minutter. Ta av varmen, og damp risen med lokk på i 10 minutter.

c) Kast brokkolien med 2 ss (30 ml) olje, salt og pepper. Legg i et enkelt lag på en bakeplate. Stek til de er møre og bukettene er lett brune, ca. 15 minutter, rør en gang halvveis.

d) I mellomtiden, varm opp den resterende 1 ss (15 ml) oljen i en stor stekepanne over middels varme. Tilsett løken og stek, rør av og til, til den er myk, ca 5 minutter. Rør inn hvitløk, ingefær, tomatpuré, berbere, koriander, salt og pepper, og stek 1 til 2 minutter lenger.

e) Tilsett linser, buljong og kokosmelk, og rør for å kombinere. Kok opp, og reduser deretter varmen og la det småkoke, rør av og til, til det er mykt, 20 til 25 minutter.

f) For å servere deler du spinat og ris mellom boller. Topp med linser, stekt brokkoli, yoghurt og koriander.

87. Gurkemeie-stekt grønnsaksboller

Serverer 4

INGREDIENSER
- ½ hode medium blomkål, kuttet i buketter
- ½ pund (224 g) babygulrøtter, bladtopper fjernet
- 4 mellomstore rødbeter, trimmet, skrellet og i terninger
- 4 ss (60 ml) avokado eller extra virgin olivenolje, delt
- 1 teskje (2 g) malt gurkemeie
- 1 ts (2 g) malt spisskummen
- Kosher salt og nykvernet sort pepper
- ¾ kopp (130 g) hirse
- 1¾ kopper (410 ml) vann, delt
- 4 pakkede kopper (280 g) strimlet grønnkål
- ⅛ teskje røde pepperflak
- 4 posjerte egg
- 8 reddiker, trimmet og delt i kvarte
- 2 løk, kun grønne deler, i tynne skiver
- 1 oppskrift Cilantro Yoghurtsaus
- Brokkoli-, kløver- eller alfalfaspirer

BRUKSANVISNING

a) Forvarm ovnen til 400 °F (200 °C, eller gassmerke 6).

b) Kast blomkål, gulrøtter og rødbeter med 2 ss (30 ml) olje, gurkemeie, spisskummen, salt og pepper. Legg grønnsakene i et jevnt lag på en bakeplate. Stek til de er møre og brune rundt kantene, ca 20 minutter, rør en gang halvveis.

c) Varm i mellomtiden 1 ss (15 ml) olje i en middels kjele. Tilsett hirsen, rør til belegget og rist til den er gyldenbrun, 4 til 5 minutter. Hell i 1½ kopper (355 ml) av vannet og en klype salt. Vannet vil boble og sprute først, men vil sette seg raskt. Kok opp, reduser deretter varmen til lav, dekk til og la det småkoke til det er mørt, ca 15 minutter. Ta av varmen og damp i kjelen i 5 minutter.

d) Varm opp den resterende 1 ss (15 ml) oljen i en stor stekepanne over middels varme. Tilsett grønnkål, salt og rød pepperflak. Kok, rør av og til, til den er så vidt visnet. Hell i den resterende ¼ koppen (60 ml) vannet og kok til grønnsakene er myke og væsken er absorbert, ca. 5 minutter.

e) For å servere, del hirsen mellom boller. Topp med stekte grønnsaker, grønnkål, et posjert egg, reddiker og løk. Drypp med korianderyoghurtsaus og pynt med spirer.

88. Gurkemeie-stekt grønnsaksboller

Gjør: 4

INGREDIENSER:
- ½ hode medium blomkål, kuttet i buketter
- ½ pund babygulrøtter, bladtopper fjernet
- 4 mellomstore rødbeter, trimmet, skrellet og i terninger
- 4 ss avokado eller extra virgin olivenolje, delt
- 1 ts malt gurkemeie
- 1 ts malt spisskummen
- Kosher salt og nykvernet sort pepper
- ¾ kopp villris
- 1¾ kopper vann, delt
- 4 pakkede kopper strimlet grønnkål
- ⅛ teskje røde pepperflak
- 4 posjerte egg
- 8 reddiker, trimmet og delt i kvarte
- 2 løk, kun grønne deler, i tynne skiver
- 1 oppskrift Cilantro Yoghurtsaus
- Brokkoli-, kløver- eller alfalfaspirer

BRUKSANVISNING:

a) Forvarm ovnen til 400°F.

b) Kast blomkål, gulrøtter og rødbeter med 2 ss olje, gurkemeie, spisskummen, salt og pepper.

c) Legg grønnsakene i et jevnt lag på en bakeplate. Stek til de er møre og brune rundt kantene, ca 20 minutter, rør en gang halvveis.

d) I mellomtiden, varm 1 ss olje i en middels kjele. Tilsett villrisen, rør til belegget og rist til den er gyldenbrun, 4 til 5 minutter. Hell i 1½ kopper av vannet og en klype salt. Vannet vil boble og sprute først, men vil sette seg raskt.

e) Kok opp, reduser deretter varmen til lav, dekk til og la det småkoke til det er mørt, ca 15 minutter. Ta av varmen og damp i kjelen i 5 minutter.

f) Varm opp den resterende 1 ss olje i en stor stekepanne over middels varme.

g) Tilsett grønnkål, salt og rød pepperflak.

h) Kok, rør av og til, til den er så vidt visnet. Hell i resten av ¼ kopp vannet og kok til grønnsakene er myke og væsken er absorbert, ca. 5 minutter.

i) For å servere, del villrisen mellom boller. Topp med stekte grønnsaker, grønnkål, et posjert egg, reddiker og løk.

j) Drypp med korianderyoghurtsaus og pynt med spirer.

BUDDHA BOWLS DRESSINGS

89. Avokado grønn gudinnedressing

Gir omtrent ¾ kopp (180 ml)

INGREDIENSER
- 1 middels moden avokado
- ¼ kopp (60 g) vanlig gresk yoghurt
- 3 ss (9 g) pakket klippet gressløk
- 3 ss (9 g) pakket fersk basilikum
- 3 ss (9 g) pakket fersk persille
- fedd hvitløk
- spiseskjeer (30 ml) avokadoolje eller ekstra virgin olivenolje
- spiseskjeer (30 ml) eplecidereddik
- 2 ss (30 ml) ferskpresset sitronsaft
- ½ ts kosher salt
- ¼ ts nykvernet sort pepper
- spiseskjeer (75 ml) vann

BRUKSANVISNING
a) Kombiner avokado, yoghurt, urter, hvitløk, olje, eddik, sitronsaft, salt og pepper i bollen til en foodprosessor. Bland kontinuerlig til en jevn og godt kombinert, skrap ned sidene av bollen etter behov. Med foodprosessoren i gang, tilsett vannet, 1 ss (15 ml) om gangen, til det når ønsket konsistens.

90. Avokadosaus

Gir omtrent 1 kopp (235 ml)

INGREDIENSER
- 1 moden avokado, skrellet og uthulet
- ½ kopp (120 ml) vann
- Saft fra 1 sitron eller lime
- 1 fedd hvitløk
- ¼ ts kosher salt
- ¼ ts nykvernet sort pepper

BRUKSANVISNING
a) Ha alle ingrediensene i bollen til en kjøkkenmaskin eller blender. Bearbeid kontinuerlig til sausen er jevn, 1 til 2 minutter.

91. Grunnleggende Vinaigrette til hverdags

Gir omtrent ¾ kopp (180 ml)

INGREDIENSER

- ⅓ kopp (80 ml) ferskpresset sitronsaft eller eddik, for eksempel balsamico, eplecider, hvitvin, rødvin eller riseddik
- 1 ss (11 g) dijonsennep
- 1 fedd hvitløk, finhakket
- ⅓ kopp (80 ml) ekstra virgin olivenolje
- ½ ts kosher salt
- ¼ ts nykvernet sort pepper

BRUKSANVISNING

a) Bland alle ingrediensene i en liten krukke. Rist godt til dressingen er emulgert. Bruk umiddelbart eller oppbevar i kjøleskap til servering.

92. Chimichurri saus

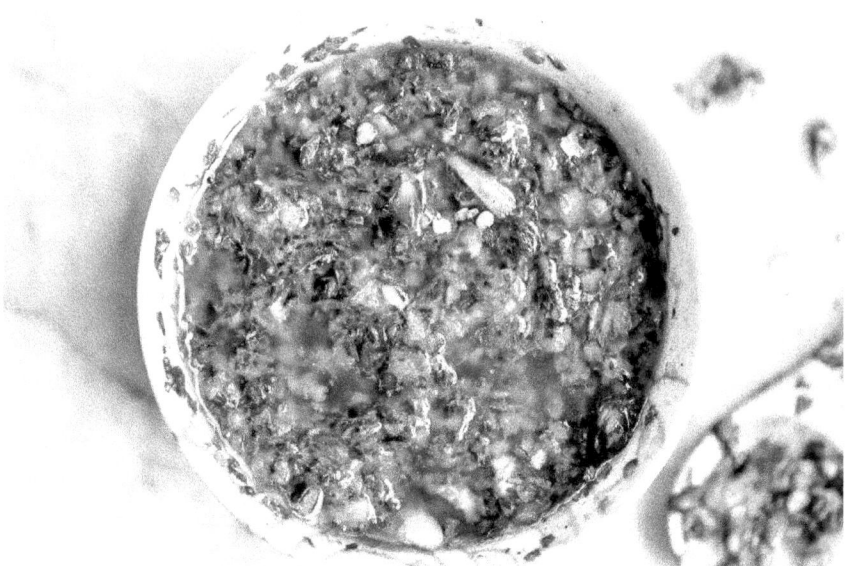

Gir omtrent ¾ kopp (180 ml)

INGREDIENSER
- 1 pakket kopp (16 g) korianderblader
- ½ kopp (24 g) persilleblader
- 1 fedd hvitløk
- ½ ts kosher salt
- ⅓ kopp (80 ml) ekstra virgin olivenolje
- 2 ss (30 ml) fersk
- 1 ss (15 ml) rødvinseddik

BRUKSANVISNING
a) Ha alle ingrediensene i bollen til en kjøkkenmaskin eller blender. Bearbeid kontinuerlig til sausen er jevn, 1 til 2 minutter.

93. Kremet fetasaus

Gir omtrent ½ kopp (120 ml)

INGREDIENSER
- 4 unser (115 g) smuldret fetaost, ved romtemperatur
- 3 ss (45 ml) vann
- 1 ss (15 ml) ekstra virgin olivenolje
- ½ ts kosher salt

BRUKSANVISNING
a) Ha alle ingrediensene i bollen til en kjøkkenmaskin eller blender.
b) Bearbeid kontinuerlig til sausen er jevn, 1 til 2 minutter. Fortynn med ekstra vann, etter ønske.
c) Server umiddelbart eller oppbevar i en dekket beholder i kjøleskapet til den skal brukes.

94. Essensiell pestosaus med alle urter

Gir ½ kopp (120 ml)

INGREDIENSER
- 2 kopper (96 g) løst pakket urter eller bladgrønt
- 2 ss (18 g) ristede nøtter eller frø
- 2 ss (10 g) revet parmesan

BRUKSANVISNING
a) Ha alle ingrediensene i bollen til en kjøkkenmaskin eller blender. Bearbeid kontinuerlig til sausen er jevn, 1 til 2 minutter.

95. Lett og kremet geitostsaus

Gir omtrent ½ kopp (120 ml)

INGREDIENSER
- 4 unser (115 g) geitost, ved romtemperatur
- 1 spiseskje (15 ml) ekstra virgin

BRUKSANVISNING
a) Ha alle ingrediensene i bollen til en kjøkkenmaskin eller blender. Bearbeid kontinuerlig til sausen er jevn, 1 til 2 minutter.

96. Miso-ingefærsaus

Gir omtrent ¾ kopp (180 ml)

INGREDIENSER

- ¼ kopp (36 g) rå usaltede cashewnøtter, bløtlagt i vann over natten og drenert
- ¼ kopp (60 ml) riseddik
- 2 ss (30 g) hvit misopasta
- 2 ss (30 ml) vann

BRUKSANVISNING

a) Ha alle ingrediensene i bollen til en kjøkkenmaskin eller blender.

b) Bearbeid kontinuerlig til sausen er jevn, 2 til 3 minutter. Fortynn med ekstra vann, etter ønske.

c) Server umiddelbart eller oppbevar i en dekket beholder i kjøleskapet til den skal brukes.

97. Peanøttsaus

Gir omtrent 1 kopp (235 ml)

INGREDIENSER
- ½ kopp (130 g) kremet peanøttsmør
- 3 ss (45 ml) soyasaus
- 2 ss (30 ml) riseddik
- 3 ss (45 ml) vann
- 2 ts (10 ml) ristet sesamolje
- 1 ss (6 g) finrevet fersk ingefær
- ¼ ts kajennepepper (valgfritt)

BRUKSANVISNING

a) Bland alle ingrediensene i bollen til en kjøkkenmaskin eller blender. Bearbeid kontinuerlig til jevn og godt kombinert, ca. 2 minutter.

b) Server umiddelbart eller oppbevar i en dekket beholder i kjøleskapet til den skal brukes.

98. <u>Raita</u>

Gir omtrent 1 kopp (235 ml)

INGREDIENSER
- 1 kopp (240 g) vanlig yoghurt
- ¾ kopp (90 g) strimlet agurk
- 2 ss finhakket koriander
- (2 g) eller mynte (6 g)
- 1 ts (5 ml) ferskpresset sitronsaft
- ½ ts malt koriander
- ½ ts malt garam masala ¼ ts kosher salt

BRUKSANVISNING

a) Tilsett yoghurt, agurk, koriander (eller mynte), sitronsaft, krydder og salt i en liten bolle. Bland sammen til det er godt blandet.

99. Stekt rød peppersaus

Gir litt over 1 kopp (235 ml)

INGREDIENSER
- 1 (12 unse, eller 340 g) krukke stekt rød paprika, drenert
- ¼ kopp (36 g) usaltede ristede mandler
- 1 fedd hvitløk
- ¼ kopp (60 ml) ekstra virgin olivenolje
- Saft fra ½ sitron
- 1 ts (2 g) paprika
- Kosher salt og nykvernet pepper

BRUKSANVISNING
a) Tilsett alle ingrediensene i bollen til en foodprosessor eller blender. Bearbeid kontinuerlig til godt blandet og for det meste jevn, 2 til 3 minutter.

100. Tahinisaus

Gir omtrent ¾ kopp (180 ml)

INGREDIENSER
- ⅓ kopp (80 g) tahini
- ⅓ kopp (80 ml) vann
- 2 ss (30 ml) ferskpresset sitronsaft
- 1 fedd hvitløk, finhakket
- ½ ts kosher salt
- ¼ ts nykvernet sort pepper

BRUKSANVISNING

a) Ha alle ingrediensene i bollen til en kjøkkenmaskin eller blender. Behandle kontinuerlig til godt blandet, 1 til 2 minutter. Fortynn med ekstra vann, om ønskelig.

KONKLUSJON

Vi håper at denne kokeboken har inspirert deg til å utforske verden av Buddha-boller og alle de fantastiske smakene og næringsstoffene de har å tilby. Med 100 deilige og sunne oppskrifter å velge mellom, vil du aldri gå tom for ideer for å lage nærende og mettende måltider.

Men denne kokeboken er bare begynnelsen. Vi oppfordrer deg til å være kreativ og eksperimentere med nye ingredienser og smakskombinasjoner for å gjøre disse oppskriftene dine egne. Buddha-boller er utrolig allsidige, og med litt fantasi er mulighetene uendelige.

Så enten du ønsker å forbedre din generelle helse, redusere miljøpåvirkningen eller bare nyte deilige og tilfredsstillende måltider, tror vi at Buddha-boller er den perfekte løsningen. De er enkle å lage, uendelig tilpassbare og alltid deilige.

Takk for at du ble med oss på denne reisen for å oppdage kunsten å lage nærende og deilige Buddha-boller. Vi håper at denne kokeboken har inspirert deg til å utforske nye smaker og ingredienser og til å lage dine egne perfekte Buddha-boller. God matlaging!

Milton Keynes UK
Ingram Content Group UK Ltd.
UKHW022257170823
427026UK00015B/606